SAM IS NOT MY UNCLE

THE USA IN CUBAN POSTER AND BILLBOARD ART

Alfons González Quesada

First edition

Production and publication
Casa Amèrica Catalunya
Editorial RM

Photographs
© 2016

Fondo Editora Política del Partido
Comunista de Cuba
Archivo Alfons González

Alfons González would like to thank Àngels
Jiménez, Patrícia Lázaro, and Pablo González,
who provided photographic material for this book.

© Texts
Alfons González Quesada
Antoni Traveria Celda

Design
Andreu Balius
Ricard García

Translation
Gregory Dechant

Coordination
Lea Tyrallová

Photomechanical reproduction
Nova Era Publications

Exhibition curators
Alfons González Quesada
Marta Nin i Camps

© 2016

RM VERLAG, S. L. C/Loreto 13-15 Local B
08029, Barcelona, España

© 2016
Editorial RM, S. A. de C. V.
Río Pánuco 141. Col. Cuauhtémoc
06500, México, D. F., México

ISBN RM Verlag: 978-84-16282-68-5
Legal Deposit: B.10107-2016

#271

© 2016 Casa Amèrica Catalunya

Fundació Casa Amèrica Catalunya
C/Còrsega, 299, entresuelo
08008 Barcelona, Espanya
americat@americat.cat

www.editorialrm.com
www.americat.cat

Printed in Spain
May 2016
Print run: 2,500 copies

RM

Casa **Amèrica Catalunya**

Con la colaboración de:

cooperación
española

SAM IS NOT MY UNCLE

THE USA IN CUBAN POSTER AND BILLBOARD ART

Alfons González Quesada

Prólogo

El riguroso trabajo de investigación del doctor Alfons González Quesada es mucho más que el catálogo que acompaña una exposición. Sus páginas, sus imágenes, retratan la permanencia de un discurso siempre beligerante, sin tregua alguna, cargado de simbolismos. A través de la propaganda política cubana activada desde 1959 se pueden descifrar con nitidez las definiciones ideológicas que han conformado las bases de sostenimiento de los gobiernos de Fidel Castro, hasta agosto de 2006 cuando delegó entonces sus funciones en su hermano Raúl Castro. Los habitantes de la isla caribeña han sido los destinatarios de las creativas campañas publicitarias de la Revolución, pensadas para fortificar el ideario y la subsistencia de la misma. Muchos de esos mensajes, de los lemas generados en estos largos años, tenían como destinatario único final al permanente enemigo exterior norteamericano.

Fue un 10 de marzo de 1952 cuando Fulgencio Batista dio un golpe de Estado militar con el apoyo de los Estados Unidos. Se inició entonces una dictadura con los ingredientes clásicos del manual del autoritarismo: represión, torturas, muerte y corrupción institucionalizada. Al amanecer del 26 de de julio de 1953, 150 jóvenes se decidieron a atacar los cuarteles de Carlos Manuel Céspedes, en Bayano, y el de Moncada, en Santiago de Cuba. Aunque Fidel Castro Ruz fracasó en la estrategia militar de ambos asaltos —murieron 52 guerrilleros y otros 18 fueron encarcelados, entre ellos los hermanos Castro— obtuvo una victoria política que le serviría para darse a conocer en toda la isla durante los juicios a los detenidos, iniciados el 21 de septiembre.

El Caribe sufría en la década de los cincuenta la consolidación de dictaduras como la de François Duvalier, en Haití, al que sucedería su hijo Jean-Claude a partir de 1971, o el del sanguinario "Generalísimo" Leónidas Trujillo, en República Dominicana. En Guatemala, en 1954, el presidente elegido Jacobo Arbenz

Guzmán, sería derrocado en una operación diseñada por la CIA. En Colombia, golpe militar en 1953. Un año más tarde en Paraguay, con el golpe militar de Alfredo Stroessner, que permanecería en el poder hasta 1989. En Argentina, el derrocamiento de Juan Domingo Perón en 1955. En Honduras en 1956, con la asunción del poder por parte de una junta militar y en Venezuela dos años más tarde, otra junta militar depuso al dictador Marcos Pérez Jiménez. Una década marcada por una escalada de tensión en la denominada *Guerra Fría*, entre las dos superpotencias surgidas del final de la segunda Guerra Mundial en 1945.

El punto de inflexión, de reencuentro en 55 años de permanente conflicto, se produjo, no sin cierta sorpresa, con el anuncio del restablecimiento de las relaciones diplomáticas entre Estados Unidos y Cuba el miércoles 17 de diciembre de 2014, cuando los presidentes Barack Obama y Raúl Castro transmitían en el mismo instante, desde Washington y La Habana, el inicio del deshielo, el principio del final de la Guerra Fría en América. Por una vez, la discreción política y diplomática de los distintos interlocutores, sin filtraciones, logró el objetivo de un acuerdo largamente anhelado por muchos. Llegaría tiempo después, el 21 de marzo de 2016, el momento en el que Barack Obama aterrizaba en la isla elevando el perfil del acuerdo a la categoría de irreversible. Habían tenido que transcurrir 88 años desde la última visita del trigésimo presidente de Estados Unidos a Cuba. John Calvin Coolidge, lo hizo un 15 de julio de 1928.

Es en este nuevo contexto abierto en las relaciones entre Estados Unidos y Cuba que la Fundación Casa Amèrica Catalunya se propuso trabajar de nuevo con el profesor Alfons González Quesada con la intención de seleccionar, en esta ocasión, aquellos mensajes específicos dedicados a Estados Unidos, lanzados desde la propaganda oficial cubana[1].

Mi tío no se llama Sam. Estados Unidos en la gráfica cubana es un fiel y objetivo reflejo del elevado grado de tensión y enfrentamiento verbal alcanzados en esta colisión entre Cuba y EE.UU. Las vallas publicitarias, de agitación y propaganda, que han acompañado el paisaje de la isla durante décadas están destinadas a desaparecer, a formar parte de la historia del conflicto. Hemos creído

---

[1]. Ya en 2009, al cumplirse el cincuenta aniversario del triunfo de la Revolución, Casa Amèrica editó un catálogo y realizó una ambiciosa exposición con una masiva asistencia de público en el Museo Marítimo de Barcelona que llevaba por título: "Vaya valla, gráfica revolucionaria cubana" con la investigación del profesor Alfons González Quesada.

oportuno desde la Casa, mostrarlas precisamente ahora, y a partir de ellas, acompañarlas con un ciclo de debates y conferencias que acerquen la vieja y la nueva realidad de un futuro lleno de esperanza.

Nuestro agradecimiento especial por su colaboración y apoyo a este proyecto a la Editorial RM y a los hermanos Javier y Ramón Reverté, así como a la Dirección de Relaciones Culturales y Científicas de la Agencia Española de Cooperación Internacional al Desarrollo (AECID).

Antoni Traveria
Director General Casa Amèrica Catalunya

finales de 2008, a punto de celebrarse el 50 aniversario de la Revolución y a pocos días de la toma de posesión de Barack Obama, se retiran las vallas que hay frente a la Oficina de Intereses de Estados Unidos, su representación diplomática en la isla. Durante cerca de 30 años, aquel enorme edificio en el malecón habanero ha sido testimonio de la creatividad y contundencia de los diseñadores cubanos a la hora de denunciar la política de Washington contra Cuba. Echar un vistazo al contenido de sus mensajes es una buena manera de conocer la temperatura de las relaciones entre ambos países. La retirada de las vallas también encierra un mensaje: es un gesto de buena voluntad hacia el nuevo inquilino de la Casa Blanca. Hoy el mensaje perdura. Ninguna otra valla contra Estados Unidos se ha levantado en el malecón.

La Revolución que triunfó en 1959 buscaba deshacerse del dominio semicolonial de Estados Unidos. Conviene recordar que hasta 1934 la constitución de Cuba concedía a Washington el derecho a intervenir en el país para proteger sus intereses, y que en vísperas de la Revolución los principales sectores de su economía estaban en manos de empresas norteamericanas. Con estos antecedentes, la conquista de la plena soberanía solo podía conducir a la confrontación. Esa confrontación ha condicionado la realidad cubana hasta tal punto que ha conformado uno de los núcleos temáticos de su propaganda. Durante más de medio siglo, vallas y carteles han explicado los diferentes episodios del conflicto y han reservado un espacio a la representación del enemigo, convirtiéndolo en uno de los principales elementos del imaginario de la Revolución. El enemigo no es el pueblo de Estados Unidos, como siempre han recalcado las autoridades cubanas, sino su gobierno y los resortes con los que impone su hegemonía (poder militar y económico, control mediático, servicios secretos…). 'Invasor', 'mercenario', 'terrorismo', 'bloqueo', 'genocidio', 'imperialismo' son algunas de las referencias textuales que la gráfica mural ha utilizado para identificar a Estados Unidos. En el terreno visual no es menor la diversidad: el águila imperial, la bandera norteamericana, el dólar, sus presidentes, aunque, sin duda, el referente más usual ha sido su símbolo nacional: el Tío Sam. Vallas y carteles han reflejado la pugna entre hegemonía y soberanía; entre el afán de Washington por destruir la Revolución y la decidida tenacidad de Cuba por resistir. Caricatura, insulto, denuncia, condena, amenaza son algunas de las estrategias discursivas para reafirmar la superioridad de los valores y principios revolucionarios y, en definitiva, para transmitir confianza en la victoria.

El restablecimiento de relaciones diplomáticas y la visita de Obama a Cuba ponen fin a uno de los últimos frentes de la Guerra Fría. Más allá de las consecuencias políticas y económicas que este hecho entrañe, probablemente suponen el punto y final para ciertos contenidos propagandísticos. *Mi tío no se llama Sam* pretende explicar la evolución del discurso que la propaganda cubana ha elaborado sobre los temas y episodios que han marcado la relación entre Cuba y Estados Unidos desde 1959. El libro incluye imágenes de vallas y carteles, organizadas cronológicamente y precedidas de una breve introducción para hacer comprensible su contexto y significación. El material gráfico procede del archivo de la Editora Política del Partido Comunista de Cuba, con la que el autor mantiene un convenio de colaboración para preservar, estudiar y divulgar su patrimonio documental, así como de su colección particular.

60's · Esta vez los mambises sí entraron en Santiago

'Esta vez los mambises sí entraron en Santiago'. Con esta velada alusión a Estados Unidos anuncia Fidel Castro el triunfo de la Revolución. En 1898, consumada la derrota española, los norteamericanos impidieron a los mambises del general Calixto García entrar en Santiago y hacerse con la victoria. Como entonces, Washington ha querido decidir el futuro de la isla maniobrando hasta el último momento para salvar el régimen de Batista y evitar que Castro llegue al poder. Pero cuando el 2 de enero de 1959, desde el balcón del ayuntamiento de Santiago, Castro habla del triunfo de los nuevos mambises, los cubanos saben que la tutela del vecino del Norte toca a su fin. Entre los primeros síntomas del cambio está la salida de la misión militar norteamericana, los asesores que debían ayudar a las tropas de Batista a vencer a las columnas guerrilleras. ¿De qué sirven si aquel ejército ha sido vencido y disuelto?

El paso hacia la soberanía es firme. Nacionalizaciones, reforma agraria y expropiaciones de las grandes propiedades agrícolas, muchas en manos norteamericanas, alarman a la Casa Blanca que responde suprimiendo inversiones y la compra de azúcar. Si el cerco económico no es suficiente, queda el sabotaje. El más sonado, el de marzo de 1960, cuando el mercante *La Coubre*, cargado con armas y municiones, explota en el puerto de La Habana. El entierro del centenar de víctimas proporciona dos elementos que la gráfica mural empleará en adelante: la consigna de Castro '¡Patria o Muerte!' y la fotografía que hará del Che un icono global.

El 3 de enero de 1961 la tensión aumenta. Los dos vecinos rompen relaciones diplomáticas. La Habana ha establecido lazos estrechos con Moscú. Ahora es el comprador del azúcar que Washington ha rechazado y un socio que va a proveer a la isla de armamento, asesores y tecnología. La Casa Blanca no se queda de brazos cruzados mientras la sucursal caribeña del Kremlin toma cuerpo. El 15 de abril, aviones estadounidenses con bandera cubana bombardean aeropuertos militares del país. Es el preludio de una invasión. Al día siguiente, Fidel Castro acusa a Estados Unidos de la agresión y proclama el carácter socialista de la Revolución. Kennedy ejecuta un plan, encargado a la CIA por Eisenhower, su predecesor, que debe culminar con el desembarco en playa Girón de un cuerpo expedicionario formado por exiliados cubanos. En el terreno que controlen se constituirá un gobierno provisional que obtendrá el reconocimiento de Washington y su apoyo, en forma de intervención militar. Se confía en que el pueblo y el ejército se subleven. Pero la aviación cubana cambia el guión. El desembarco se realiza bajo un intenso ataque aéreo que deja fuera de combate a los buques que transportaban equipo y municiones para el contingente que está en tierra. La negativa de Kennedy a autorizar la intervención de los marines sella el fracaso de la invasión. La victoria de Girón se incorpora al calendario de celebraciones revolucionarias y la gráfica mural va a contribuir de forma generosa. Carteles y vallas insisten en señalar que detrás de las tropas mercenarias estaba la mano de Washington. *La primera derrota del imperialismo en América* [18, 21] será lema recurrente en la propaganda sobre este episodio.

La fotografía, que deja testimonio de aquellos días, proporciona las imágenes que inspirarán nuevos diseños. Una de las más conocidas es de Mario Collado. La instantánea capta el momento en que Fidel Castro desciende de un tanque. La imagen se usa por primera vez en el cartel del sexto aniversario de la victoria [19]. Otras, no menos emblemáticas, son la del carguero *Houston*, encallado en la bahía y humeante tras ser alcanzado por el fuego cubano, o la que muestra las columnas de mercenarios apresados. Ambas imágenes serán el núcleo de futuros diseños para conmemorar la derrota norteamericana.

Kennedy no ceja en su empeño de acabar con el régimen cubano y su líder. Pronto planifica la Operación Mangosta, nombre en clave de las operaciones encubiertas de la CIA. En el terreno diplomático consigue que la OEA expulse a Cuba de su organización para aislarla del resto del continente. El asedio se completa en febrero de 1962, cuando Kennedy establece el bloqueo económico, comercial y financiero. A partir de entonces, ninguna empresa estadounidense puede comerciar con Cuba. Como se verá, el bloqueo ocupará un lugar destacado en la propaganda.

La gráfica sobre Girón está cargada de retórica bélica. *¡Muerte al invasor!* [9] y *¡Aniquilar al enemigo!* [10] dan cuenta de la contundencia verbal de las composiciones de la época, prolongada en la agresividad visual de las figuras humanas. Otro ejemplo sobresaliente es el cartel de Forjans *¡Donde asome quedará!* [16], en el que un fusil empuñado por un brazo robusto apunta al Tío Sam, que amenaza en la distancia. El discurso surgido a partir de Girón va a tener continuidad en los diseños de la Crisis de los Misiles de octubre de 1962. Pero antes de hablar de aquel episodio conviene reseñar la Campaña de Alfabetización.

A finales de 1961 la Revolución cumple la promesa que Fidel Castro había hecho en la ONU de erradicar el analfabetismo en un año. Los cubanos se movilizan de forma masiva: más de 300 mil voluntarios, estudiantes la mayoría, enseñan a leer a cerca de 700 mil compatriotas. La campaña se desarrolla por todo el país. Nada frena su marcha, ni Girón, ni los actos de terrorismo con los que se quiere amedrentar a los jóvenes maestros. En homenaje al primer voluntario asesinado, las brigadas alfabetizadoras llevan el nombre de Conrado Benítez. *¡Contra el imperialismo yanqui, alfabetiza!* [8] es la consigna del cartel central de la campaña en el que un alfabetizador hiere mortalmente un águila imperial con su lápiz. El simbolismo de la composición no es ajeno a la confrontación entre Cuba y Estados Unidos. Lo más singular es que a partir de ahora, la propaganda interpretará las conquistas sociales, políticas y económicas de la Revolución no solo como victorias de Cuba, sino como derrotas de su enemigo.

Volvamos a la crisis de octubre de 1962. Cuba se ha situado definitivamente en la órbita soviética y busca en el escudo del armamento nuclear de la URSS disuadir a Washington de una nueva invasión. Para Moscú, la instalación de sus misiles en la isla contrarrestan a los norteamericanos que apuntan al Kremlin desde Turquía. La geografía hace de Cuba una pieza vital en el tablero donde las dos superpotencias juegan la partida de la Guerra Fría. Kennedy, alertado por las evidencias de que se construyen rampas de lanzamiento para cohetes, declara el bloqueo naval de la isla para evitar que reciba armamento nuclear. Durante dos semanas el mundo está al borde de una guerra atómica, hasta que Kennedy y Krushev resuelven la crisis. Moscú no consulta con La Habana la decisión de retirar sus misiles. Desairados, miles de cubanos corean en las calles "Nikita mariquita, lo que se da no se quita". El tono es bien distinto del que han reflejado los carteles diseñados durante los días que se creyó que la isla sería el campo de batalla de la Tercera Guerra Mundial. La experiencia de Girón había demostrado la necesidad de disponer de 'carteles de prevención', diseños producidos en tiempo de paz que respondan a la contingencia de cualquier agresión externa e insten a la población a combatir, defender la patria y mantener la unidad. *En pie de guerra* [12, 13] y *¡Alerta!* [14] inundan las calles durante la Crisis de los Misiles, junto a otras composiciones que ven la luz en aquellos días, como las de Quintana: *Todos somos uno* [7] y *¡A las armas!* [15]. Todas ellas comparten mensajes concisos y apremiantes, y utilizan tipografía de grandes dimensiones.

De acuerdo con su vocación antiimperialista, Cuba pone en práctica uno de los principios de su política hacia el Tercer Mundo: el internacionalismo. Y lo hace desde el apoyo político y militar a los movimientos de liberación nacional y la asistencia civil en educación y salud. En 1965, Cuba hace un llamamiento a los pueblos de Latinoamérica, África y Asia para combatir el imperialismo, y los invita a la Conferencia Tricontinental, celebrada en La Habana en 1966, donde se funda la Organización Latinoamericana de Solidaridad (OLAS) con el objetivo de coordinar las luchas de diversos movimientos de izquierda contra el capitalismo. Son los años de la consigna del Che de 'crear dos, tres, muchos Vietnam', y de las campañas de solidaridad con los países del sudeste asiático que resisten la agresión de Estados Unidos. La solidaridad tricontinental y la denuncia del imperialismo también tienen su gráfica y los mejores exponentes son las composiciones de la Organización de Solidaridad de los Pueblos de África, Asia y América Latina (OSPAAAL) y de la Organización Continental

Latinoamericana de Estudiantes (OCLAE). Ejemplo de la primera es la obra de Mederos *Semana de solidaridad con Viet Nam* [22], donde señala la fuerza de la resistencia del pueblo vietnamita a través de la maltrecha chistera del Tío Sam. El diseño de Belaguer para OCLAE, *Jornada continental de apoyo a Viet Nam, Cambodia y Laos* [23] tiene como protagonista al presidente Nixon, responsable del recrudecimiento del conflicto en la región y de las miles de víctimas que, según el cartel, se acumulan en su conciencia. No es la primera vez que una composición alude a un presidente norteamericano. Antes de Girón había circulado *Alto...Mr Kennedy, Cuba no está sola*, que dejaba constancia de la disposición soviética a ayudar a Cuba en caso de agresión. También Lyndon B. Johnson aparece en un cartel de Alfredo Rostgaard para el documental cinematográfico *Hanoi, martes 13*. En este caso, las dos bombas que caen sobre Vietnam tienen el rostro del presidente.

70's · Combatiendo al enemigo

Después de más de diez años de proceso revolucionario, el discurso de la gráfica cubana se ha instalado en la retórica de la confrontación. *Cuba está combatiendo al enemigo* [25]. Las agresiones que sufre la isla no cesan como sugiere el cartel *Podrán hundir nuestros barcos, pero no nuestra conciencia* [24], de 1970. Por esas fechas, Alpha 66, un grupo terrorista radicado en Miami, ha hundido dos embarcaciones de la flota pesquera cubana. Pero el golpe más duro está por llegar.

En un contexto de confrontación, Girón se recuerda con una violencia gráfica demoledora. El aniquilamiento del enemigo se resume en la calavera desdentada de un combatiente [32], la mano cercenada de un mercenario [35], o la cabeza de la Estatua de la Libertad ensartada en una bayoneta [36]. Girón es también el triunfo que ha de permitir transformar de manera radical el país, como explica *Derrotados los yankis construiremos una patria diez veces más hermosa* [26]. Detrás de la alusión a Girón se esconde otro mensaje. La referencia al 'diez' no es casual si se piensa cuándo se edita la obra, 1970. El año de la zafra de los diez millones.

Cuba es el azucarero del mundo y, hasta la Revolución, el principal abastecedor de azúcar de Estados Unidos. La pérdida del mercado norteamericano tras la nacionalización de todos los centrales no ha sido tan grave para la industria del azúcar como el bloqueo, que impide adquirir repuestos para los ingenios y reduce su producción por debajo de los cinco millones de toneladas de 1958. Sin embargo, el gobierno confía en que el azúcar será la palanca que hará salir a Cuba del subdesarrollo. Una zafra extraordinaria permitirá obtener excedentes con los que obtener las divisas para impulsar la industrialización del país y diversificar su economía. Una cosecha espectacular de diez millones de toneladas es la que se quiere para 1970. '¡Los diez millones, van!' es la consigna que los cientos de miles de voluntarios que participan en la zafra leen en vallas y carteles. El éxito de la zafra, como el éxito de la alfabetización, será un nuevo revés para el enemigo. De ahí, la consigna del cartel *¡Los diez millones, bang!* [27], con la bandera de Estados Unidos hecha añicos. Pero el *¡bang!* solo queda en deseo. A pesar de todos los esfuerzos y de la práctica paralización del resto de sectores industriales, se alcanzan poco más de ocho millones de toneladas.

La lucha contra el enemigo se dirime en frentes muy diversos, porque el enemigo es el mismo aunque adopte formas distintas. Y una de ellas es la hegemonía cultural, la ideología. OCLAE (Organización Continental Latinoamericana y Caribeña de Estudiantes), creada en 1966 en La Habana, la capital en esos años de la lucha antiimperialista en el Tercer Mundo, tiene entre sus objetivos combatir la penetración ideológica del imperialismo en el mundo académico, y se sirve de la gráfica para darlos a conocer. Sus carteles para las jornadas *Contra la penetración imperialista en las universidades* [28, 29] siempre identifican al enemigo con Estados Unidos. Unas veces a través del águila imperial que sobrevuela la universidad, otras mediante el poder económico que manipula el discurso académico.

Se aludía antes al golpe más duro que recibe Cuba en estos años. Este se produce el 6 de octubre de 1976, cuando poco después de despegar del aeropuerto de Barbados dos artefactos explotan en un DC-8 de Cubana de Aviación y mueren las 73 personas que viajan a bordo. Dos pasajeros venezolanos que desembarcaron cuando el avión hizo escala son los autores materiales del atentado. En su interrogatorio acusan a Luis Posada Carriles y Orlando Bosch de planearlo. La policía encuentra pruebas que confirman la acusación y, casi al mismo tiempo, el FBI sabe que el golpe es obra del CORU (Comando de Organizaciones Revolucionarias Unidas), grupo anticastrista al frente del cual están Posada y Bosch, dos cubanos que, además de compartir un dilatado historial

1
CIA. ¡Asesinos!
DOR, 1976

de sabotajes y acciones terroristas, son exagentes de la CIA. Al día siguiente, las autoridades venezolanas los arrestan en Caracas. Su juicio se dilata durante años. En 1985 Posada Carriles logra fugarse de la cárcel. Misteriosamente Orlando Bosch es absuelto dos años después y deportado a Estados Unidos, donde en 1990 el presidente George Bush padre lo indulta. (Conviene recordar que en 1976 era el director de la CIA).

Pocos días después del atentado, cientos de miles de personas abarrotan la Plaza de la Revolución de La Habana para despedir a las víctimas. En su discurso Fidel Castro acusa a la CIA de estar detrás del crimen. Dos vallas aparecen en aquellas fechas para referirse al atentado. En ambas la ausencia de elementos icónicos realza el texto sobre fondo negro: *¡CIA asesinos!* [1] y *Cuando un pueblo enérgico y viril llora, la injusticia tiembla.* Esta última frase se toma del discurso de Castro y se reutilizará en el futuro, cuando la gráfica cubana dedique otro capítulo a Posada Carriles [78].

El conflicto de Vietnam sigue en la agenda propagandística, que alterna la solidaridad con los pueblos que sufren la agresión norteamericana con la denuncia de Nixon como criminal de guerra. Identificar a Nixon con Hitler es la estrategia que aplica Álvarez en su cartel [39] para acusar de genocida al presidente norteamericano. La esvástica que acompaña a ambos personajes refuerza el mensaje. La prensa de la época también ha incorporado el símbolo nazi para ahondar en la demonización de Nixon, de manera que la equis de su apellido se ha cambiado para siempre por la esvástica. Es una práctica que más adelante empleará esporádicamente la gráfica mural cuando retrate al presidente Bush hijo.

Dos años después del triunfo revolucionario, Cuba había participado en la fundación del Movimiento de Países No Alineados. La organización nace a raíz de la quiebra del sistema colonial y se opone a cualquier tipo de dominación o injerencia extranjera. En 1979, Castro es el presidente del Movimiento y Cuba la anfitriona de su VI Cumbre. La propaganda no deja escapar la oportunidad de un evento de magnitud internacional para exigir que *cese la opresión del imperialismo yanqui en América Latina* [45, 46]. Pero las luchas anticoloniales hacen imposible que el Movimiento se sustraiga a la dinámica de la Guerra Fría. La supuesta equidistancia que debía mantener entre las dos superpotencias se desvanece, especialmente cuando Cuba lidera la organización. Desde 1975 tropas cubanas combaten en Angola y la política exterior de La Habana es fiel a Moscú. Todo ello le vale la acusación de ser un peón en el Tercer Mundo al servicio del Kremlin. En esa clave conviene interpretar las composiciones dedicadas a denunciar la agresión de China a Vietnam. La política de bloques queda perfectamente delineada en el conflicto. A finales de 1978, Vietnam, aliado soviético, ocupa Camboya para poner fin al régimen genocida de los jemeres rojos, y Beijing, que lo ampara, responde con la invasión del territorio vietnamita. En los carteles cubanos sobre esta guerra olvidada destaca un elemento: la presencia del anagrama de Estados Unidos [44]. Cuba no solo denuncia la agresión china, también el apoyo y la connivencia de la Casa Blanca con su aliado comunista para frenar el expansionismo del enemigo común en la región, la URSS.

80's · ¡Que se vayan!

El 1 de abril de 1980 seis individuos estrellan un autobús contra la verja de la embajada del Perú en La Habana. Irrumpen en el edificio y solicitan asilo político. Cuando las autoridades peruanas acceden a la petición, Cuba retira el personal que protege el acceso al recinto y, en pocos días, más de diez mil personas ocupan la embajada. Quieren abandonar el país. El episodio refleja el malestar de una parte de la población, pero en el trasfondo del asunto está la política migratoria de Estados Unidos con Cuba. Desde que en 1966 el Congreso norteamericano aprobó la Ley de Ajuste Cubano para regularizar la situación de quienes huyeron de la Revolución, Washington ha restringido las vías de entrada legal desde Cuba, al tiempo que otorga residencia, prestaciones sociales y la condición de refugiado político a cualquier cubano que llegue a Estados Unidos. Toda una invitación para salir de la isla de manera ilegal.

Cuando La Habana decide abrir el puerto de Mariel para todo el que quiera marchar, la comunidad cubana de Florida establece un puente marítimo, conocido como 'Flotilla de la Libertad'. La Administración Carter se opone al traslado de refugiados porque teme una avalancha migratoria, pero acaba cediendo ante los hechos consumados. En cuatro meses más de 120.000 personas llegan a

2
[Tío Sam flautista]
DOR, 1980

Florida. En Cuba, la multitud que el Primero de Mayo desfila por La Habana muestra su adhesión a la Revolución, a la vez que repudia a quienes abandonan la isla. El discurso gráfico estigmatiza a los 'marielitos' mediante el insulto. Los acusa de escoria, delincuentes y antisociales, y aunque el foco de los ataques se concentre en los cubanos que rompen con la Revolución, Estados Unidos también recibe su parte. '¡Que se vayan!' es el grito de aquellos días que pronto aparece en vallas y carteles. En uno de ellos [48] los 'marielitos' son ratas y chinches que pululan entre la inmundicia de un cubo de basura, cuyos colores y la presencia del símbolo del dólar representan a Estados Unidos, el destino de los que dejan el país. El linchamiento simbólico se repite en una valla sin título donde el Tío Sam, como el flautista de Hamelín, limpia Cuba llevándose consigo todo tipo alimañas atraídas por la melodía del dinero [2].

Mientras la crisis de Mariel está en su punto álgido, Washington tiene previsto realizar unas maniobras frente a las costas de Cuba, con desembarco en la base naval de Guantánamo incluido. La Habana protesta por lo que considera una provocación y pone en alerta a sus tropas. 'Fidel aprieta que a Cuba se respeta' [53] y 'Fidel seguro a los yankis dale duro' [55] son dos de las consignas que se corean para celebrar el anuncio de la suspensión de las maniobras.

Meses después de que finalice el éxodo de Mariel, ya en 1981, se desata una epidemia de dengue hemorrágico. Los primeros casos aparecen simultáneamente en localidades muy distantes entre sí y en pocas semanas mueren más de 150 personas. La Habana señala a Estados Unidos como responsable de haber introducido el virus infeccioso en la isla. Vallas y carteles repiten la acusación con un diseño en el que el mosquito del dengue se superpone al anagrama de la CIA bajo la contundencia del lema 'Lo erradicaremos' [3].

El republicano Ronald Reagan ocupa la Casa Blanca desde 1981 decidido a combatir la amenaza comunista en todo el mundo. La gráfica responde con una caricatura que muestra al Tío Sam huyendo despavorido a punta de bayoneta y con una frase que hará fortuna en otros diseños: *No les tenemos absolutamente ningún miedo* [56]. Pero la hostilidad de Estados Unidos hacia Nicaragua y

3
Lo erradicaremos
DOR, 1981

Granada, aliados cubanos en la región, persuaden a La Habana de la posibilidad de una agresión a gran escala. De producirse, la propaganda da por segura la destrucción del enemigo. *No pasarán* [57], *Los haremos morder el polvo de la derrota* [65], *Palmo a palmo defenderemos esta tierra* [60]. Los lemas recuerdan a los tiempos de la Crisis de los Misiles, aunque en algunos casos los motivos se han renovado. El retorno a la retórica bélica de las composiciones de la época está en consonancia con la denominada 'Guerra de todo el pueblo', la nueva estrategia defensiva que ha debido diseñar Cuba desde que el Kremlin ha renunciado a intervenir en la isla en caso de invasión.

El preludio de lo que puede ser el ataque a Cuba se produce en octubre de 1983, cuando Estados Unidos invade la isla de Granada. Marines y cubanos, en su mayoría obreros que trabajan en la construcción de un aeropuerto para la capital, luchan por primera vez desde el triunfo de la Revolución. La salvaguarda de la estabilidad del país y la protección de ciudadanos norteamericanos son el pretexto de Washington para intervenir y acabar con el régimen procomunista de la isla. La imagen del Tío Sam con las manos cortadas y el eslogan *¡Manos yankis fuera de América Central y del Caribe!* [59, 58] resumen la denuncia cubana del intervencionismo norteamericano en la región. Un ejercicio propagandístico que se repetirá a finales de 1989 con la invasión de Panamá.

Cuba también denuncia otras formas de violencia, como el endeudamiento del Tercer Mundo, que subordina su desarrollo a los intereses de las grandes potencias. Cuando a mediados de los 80 varios países latinoamericanos se declaran insolventes, La Habana trata de crear un frente común para obtener una moratoria indefinida del pago de la deuda, pero ningún gobierno se adhiere, desoyendo las movilizaciones y campañas populares contra las medidas de ajuste propuestas por el FMI y el Banco Mundial. En el cartel *Unidad frente a la deuda externa* [63] el dólar estadounidense es el referente que alude al expolio que sufren los países latinoamericanos.

90's · Con este pueblo no se juega

Otra forma de guerra contra Cuba comienza en 1985 cuando la Administración Reagan crea Radio Martí. Washington financia la emisora y la pone en manos de la Fundación Nacional Cubano Americana, que desde su fundación, en 1981, no ha ocultado su propósito de acabar con la Revolución. Con Radio Martí y emitiendo desde Miami, pretende inundar Cuba con propaganda anticastrista y contrarrestar el monopolio informativo del gobierno en la isla. La Habana consigue evitar que las emisiones se reciban en Cuba, pero no disuade de su empeño a la Casa Blanca ni al exilio cubano, que en 1990 vuelven a la carga con Televisión Martí. Los objetivos son los mismos, aunque en esta ocasión las transmisiones se hacen desde un globo aerostático, a 3.000 metros de altura sobre los cayos de Florida. La Habana nuevamente interfiere la señal y frustra el ataque de las ondas. Es el fracaso que narra *Otro tiro por la culata* [68], en el que un Tío Sam desconcertado mira impotente un televisor sin señal.

Corre 1989 y La Habana está sobre aviso ante la llegada de Gorbachev a Cuba, porque régimen comunista que visita, régimen que al poco se tambalea y cae. Así son los efectos corrosivos de la *perestroika* que Castro amablemente rechaza. Lo que no puede evitar es la decisión de Moscú de reducir su asistencia económica y militar. La URSS está perdiendo la Guerra Fría y la onda expansiva de su hundimiento pronto sacudirá el Caribe. A partir de 1991 la Revolución entra en su etapa más crítica, el 'Período especial en tiempo de paz', o lo que es lo mismo: escasez y restricciones de todo tipo en un contexto de aislamiento internacional. Sin el cordón umbilical del bloque socialista Cuba es una isla más que nunca y el régimen de Castro parece tocar a su fin. Washington se frota las manos. Confía que si da otra vuelta de tuerca a su estrategia de asfixia económica precipitará su caída y la isla volverá al redil del que nunca debería haber salido. La atmósfera de fortaleza asediada que se respira en Cuba hace que la consigna 'resistir es vencer' cobre todo su sentido. Ante la amenaza enemiga, la defensa de las conquistas y principios revolucionarios solo se pueden garantizar con la unidad, porque *La unidad nos hace indestructibles* [69]. La principal conquista que está en peligro es la soberanía, y desde la gráfica mural se deja clara su defensa a ultranza a través de mensajes como *Con este pueblo no se juega* [67], *Aquí no queremos amos* o *En mi casa mando yo.*

4
Aquí firmes, seguros
1992

La primera vuelta de tuerca se produce en 1992 con la aprobación en el Congreso del Acta de Democracia Cubana, conocida como Ley Torricelli, una pieza más en el engranaje de la maquinaria de la guerra económica de Washington. La ley presenta dos novedades: amplía la prohibición de comerciar con Cuba a las empresas subsidiarias de compañías estadounidenses en terceros países, y obstaculiza el comercio exterior cubano, obligando a los barcos que hubieran transportado mercancías a la isla a esperar seis meses para acceder a puertos de Estados Unidos. En pocas palabras: el endurecimiento del bloqueo, un estrangulamiento que el exilio cubano aplaude sin reservas. En *Aquí, firmes, seguros* [4] el puño de Cuba aplasta al gusano, en alusión al exilio, que enarbola un cartel con el nombre del legislador Torricelli.

El incidente con las avionetas de 'Hermanos al rescate' va ser el pretexto para dar una nueva vuelta de tuerca al bloqueo. Durante 1995 la organización del exilio, que dice ayudar a quienes quieren abandonar la isla, viola repetidamente con sus vuelos el espacio aéreo de Cuba y llega a lanzar propaganda contra el gobierno sobre La Habana. En febrero de 1996, cazas cubanos salen al encuentro de dos avionetas que desoyen sus advertencias hasta que son derribadas. Los pilotos de ambas aeronaves mueren y el incidente sirve a la Administración Clinton para recrudecer, aún más, el bloqueo. Solo un mes después se aprueba la Ley Helms-Burton, cuya medida estrella es privar a Cuba de la inversión extranjera, para lo que contempla sancionar a las empresas foráneas con negocios en Estados Unidos que establezcan lazos comerciales con la isla. La propaganda se apresura a responder denunciando el bloqueo como un *Genocidio contra Cuba* [71]. Más elaborados son los diseños que juegan con los apellidos de los legisladores que han impulsado la nueva ley (Helms y

Burton). En uno, están unidos por la esvástica y representan el hedor nauseabundo que desprende un orinal con los colores de la bandera norteamericana. En otro, aparecen vueltos del revés para formar parte del eslogan de la valla *Cuba no se vende* [72].

En el frente diplomático Estados Unidos insiste en acusar a Cuba de no respetar los derechos humanos, incluso ha conseguido el respaldo de la comisión de la ONU encargada del tema en su condena al régimen de Castro. Una maniobra para socavar el prestigio internacional de la isla. Washington habla de derechos humanos para referirse a los civiles y políticos, vinculados a estándares de democracia liberal que La Habana no comparte, y a los que antepone los de carácter social. La valla *Derechos. El pueblo es nuestro testigo* [73] ejemplifica la contraposición de interpretaciones sobre la materia entre ambos países.

00's · La libertad no se puede bloquear

Elián González es el niño más famoso de Cuba y, probablemente, del mundo. Ha sido víctima de la política migratoria de 'pies secos y pies mojados' que Washington aplica desde la crisis de los balseros, por la que los cubanos interceptados en el mar (pies mojados) son repatriados, mientras que los que consiguen llegar a Estados Unidos (pies secos) son acogidos como refugiados políticos. Esa ruleta rusa de la emigración ilegal no desalentó a la madre de Elián, cuando en 1999 decidió cruzar el estrecho de Florida con su hijo de cinco años. La travesía acabó en desastre. La madre murió y el niño estuvo a la deriva dos días hasta que unos pescadores lo encontraron y lo llevaron a Estados Unidos. Allí la familia de Miami pide la custodia del pequeño y el padre exige desde Cuba su retorno. El litigio es un pulso entre Cuba y Miami con la política migratoria norteamericana como telón de fondo. *Salvemos a Elián* [74] es la consigna del cartel que enarbola la manifestación millonaria que clama por su vuelta por el malecón habanero y que sintetiza el discurso construido sobre la diáspora cubana: un mundo ajeno, hostil y del que es necesario protegerse.

Elián vuelve a Cuba en junio del 2000, después de que la Corte Suprema de Estados Unidos deniegue a la familia de Miami su última apelación para ganar la custodia del niño. Su retorno es una derrota dolorosa para el exilio, que pronto va a poder compensar con el caso de los cinco cubanos detenidos en Miami.

Y para el nuevo año, quiero que no le tiren más bombas a mi casa y que no torturen a mi papá

¿Happy New Year?

❋ ABU GHRAIB ❋ FALLUJAH ❋ KIRKUT ❋ GUANTÁNAMO

5 *¿Happy new year?*
Editora Política, 2004

Se trata de agentes secretos que entraron en Estados Unidos con identidades falsas para infiltrarse en organizaciones que actúan contra los intereses de La Habana y desbaratar sus planes. La fiscalía los acusa de espionaje. El exilio de Miami va a hacer todo lo posible para que el juicio sea un ajuste de cuentas con el régimen al que representan los cinco agentes. La fiscalía convence al jurado que el propósito de los acusados era atacar a Estados Unidos y el castigo es abrumador: tres cadenas perpetuas, una pena de 19 años y otra de 15.

A la par que Cuba denuncia las irregularidades del proceso y la injusticia de las condenas, la propaganda destaca el patriotismo de los cinco héroes, es el título que reciben del gobierno cubano, y exige la *Libertad a la verdad y la justicia en Estados Unidos* [75]. En 2003, las defensas presentan apelaciones. Dos años más tarde se revocan las sentencias y se reconoce el derecho de los cinco a tener un juicio justo. Desde entonces Amnistía Internacional y la Comisión de Derechos Humanos de la ONU denuncian su encarcelamiento como una violación de los derechos humanos, pero Estados Unidos nunca toma en consideración a ambas organizaciones.

A finales de 2003, la Oficina de Intereses de Estados Unidos luce un abeto navideño, bien visible desde el exterior, coronado con un 75, en referencia al número de disidentes juzgados y encarcelados durante la denominada 'Primavera Negra'. Denuncia sutil de vulneración de derechos humanos en Cuba que la propaganda contesta poco después con *¿Happy New Year?* [5] Instalada frente a la representación diplomática, la valla recuerda las cárceles donde se tortura a los prisioneros iraquíes y afganos capturados por Estados Unidos.

Bush hijo llega a la presidencia gracias a los votos de Florida. Pronto hace alarde de su hostilidad hacia Cuba, que va a ser proporcional a la atención que la gráfica le dedique. En 2002 la incluye en la lista de países que forman parte del 'Eje del Mal' por amparar terroristas. La reaparición de Posada Carriles en Estados Unidos brinda a la propaganda la oportunidad de hablar extensamente sobre terrorismo. En 2005, Posada Carriles queda en libertad tras ser detenido por entrar ilegalmente en Estados Unidos. La indignación de La Habana por la negativa de Washington a extraditar al cerebro del atentado de Barbados desemboca en una extensa campaña propagandística. El rostro escandalizado de la Estatua de Libertad de *¡Qué bárbaros!, han liberado a un terrorista* [76] es una de sus obras más originales. El propósito de la campaña es acusar a Bush de terrorista por dar amparo a Posada Carriles. La estrategia visual es reunir en el mismo diseño a ambos personajes, como en *El asesino* [81], con estética de anuncio de estreno cinematográfico, y en *Posada & Bush Company* [77]. *Full de asesinos* [79] juega con el símil de la baraja de cartas que el ejército norteamericano elaboró para que sus tropas identificaran y capturaran a los miembros del régimen de Sadam Hussein tras la Guerra de Irak. Los naipes de la valla señalan a los criminales a los que se debería dar caza.

Desde 1962, más del *70% de los cubanos ha nacido bajo el bloqueo* [85]. Ningún otro país ha sufrido una presión similar durante tanto tiempo. La propaganda suele tratar el tema como un acto genocida que Cuba resiste victoriosamente y las consignas acostumbran a ser lacónicas y contundentes, 'No al bloqueo', 'Resistir es vencer'... En 2006, Cuba expone ante la ONU su impacto en la economía del país: 86 mil millones de dólares. A raíz de la cuantificación del bloqueo, el contenido textual de la gráfica se renueva y gana en profundidad. *3 días de bloqueo equivalen a la impresión de todos los libros de texto de un curso escolar* [86] es un ejemplo de las diversas vallas que por primera vez ofrecen datos concretos sobre las consecuencias del bloqueo en la educación o la sanidad. Si la manera de explicar el bloqueo cambia, también lo hace el relato de su resistencia. *Pero jamás podrán quitarme la música...* [89] forma parte también de una serie de vallas en las que la respuesta colectiva al bloqueo se explica a través de la experiencia individual, muchas veces cargada de emotividad y lirismo. Los elementos que actualizan el discurso sobre el bloqueo, también están presentes en el tratamiento de otro tema estrella de la presidencia de Bush: el *Plan Bush para Cuba*.

En 2003 la Casa Blanca elabora un informe que detalla las medidas para desmantelar el modelo social de la isla y acelerar la transición hacia una economía de mercado y una democracia homologada según los criterios norteamericanos. El informe, que se amplía en 2006, habla de 'ayudar al pueblo cubano a recuperar su libertad y prosperidad', pero disfraza la determinación histórica de

Washington de acabar con la Revolución. Como respuesta, la gráfica reafirma la soberanía cubana en *La libertad no se puede bloquear* [93], y roza el insulto cuando propone la eliminación del correo de *w.bush.genocidio@plan.hp* [88], cuyo dominio 'plan.hp' no deja dudas sobre su sentido.

Las vallas instaladas frente a la Oficina de Intereses se desmantelan en la víspera de la toma de posesión de Obama, que pronto planeará para la isla una política distinta a la de su predecesor. Con la excepción de las referencias al bloqueo, la gráfica mural apenas vuelve a hablar de su viejo enemigo.

6 *Gracias Mr. Bush, pero ¡Ya estamos vacunados!*
Editora Política, 2006

60's

La determinación de Estados Unidos de acabar con el régimen de Fidel Castro marca los primeros años del proceso revolucionario. Cuando es evidente que la presión económica y el sabotaje no son suficientes, Washington recurre a la invasión, pero fracasa. La victoria de Playa Girón se incorpora a las celebraciones revolucionarias. *La primera derrota del imperialismo en América* será el lema habitual de su conmemoración. Kennedy, empeñado en destruir la revolución, inicia la guerra económica. El bloqueo será un tema ampliamente explotado por la propaganda. La URSS instala en Cuba armamento nuclear para disuadir a Estados Unidos de una nueva agresión. Durante dos semanas el mundo está al borde de una guerra atómica que se librará en Cuba. La retórica bélica de la gráfica sobre las jornadas de Girón tiene continuidad en los diseños que instan a la población a combatir y destruir al enemigo durante la Crisis de los Misiles. También en estos años la gráfica mural refleja la solidaridad cubana con las luchas antiimperialistas en el Tercer Mundo y la denuncia de la agresión norteamericana en el sudeste asiático.

7 *Todos somos uno*
Roberto Quintana. COR, 1962

8 *¡Contra el imperialismo yanqui, alfabetiza!*
Mario Masvidal, 1961

9 *¡Muerte al invasor!*
Departamento de Instrucción Revolucionaria del MINFAR, 1962

10 *¡Aniquilar al enemigo!*
Departamento de Instrucción Revolucionaria del MINFAR, 1962

11 *¡Muerte al invasor!*
Comisión de Orientación Revolucionaria (COR), 1962

12 *En pie de guerra*
COR, 1962

13 *En pie de guerra*
COR, 1962

14 *¡Alerta!*
   Jesús Forjans. COR, 1962

15 *A las armas*
    Roberto Quintana, 1962

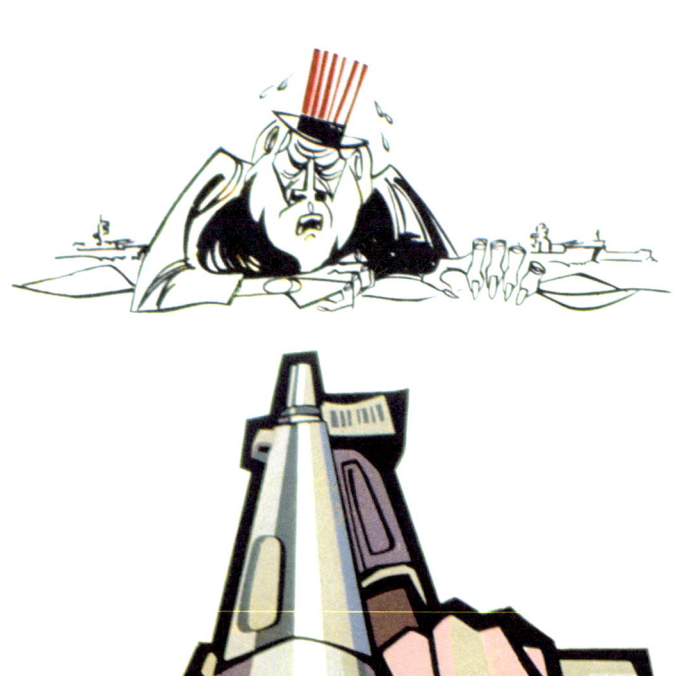

**DONDE
ASOME**

QUEDARA!

16 *Donde asome quedará!*
Jesús Forjans, circa 1961

17 *¡Venceremos! 3er aniversario de la Revolución*
1962

18 *Girón, segundo aniversario*
COR, 1963

19 *Girón, VI aniversario*
1967

20 *¿Conoce ud. al enemigo? La discreción es un arma*
Circa 1965

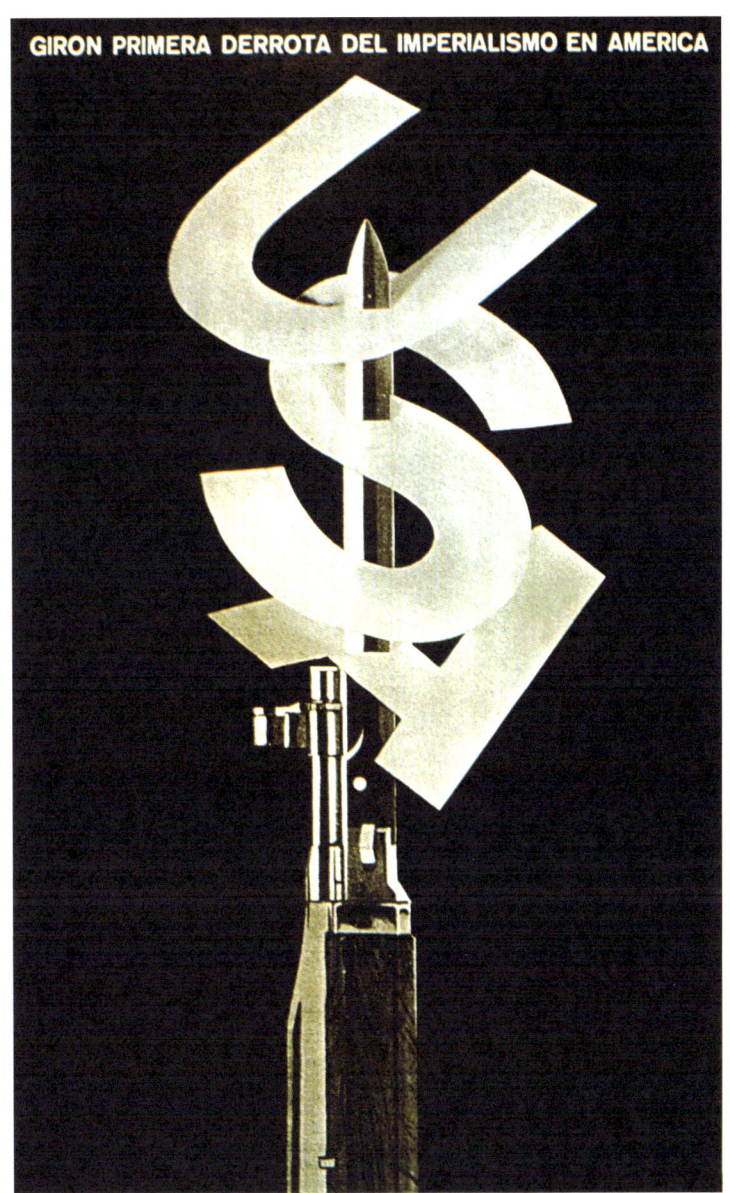

21 *Girón primera derrota del imperialismo en América*
COR, 1969

22 *Semana de solidaridad con Viet Nam*
René Mederos. OSPAAAL, 1968

23 *Jornada continental de apoyo a Viet Nam, Cambodia y Laos,*
15 al 21 de octubre
Luis Belaguer. OCLAE, 1969

70's

La denuncia del recrudecimiento del conflicto de Vietnam y la celebración de Girón siguen ocupando su lugar en la agenda de la propaganda, que se enriquece como reflejo del papel que Cuba desempeña en la Guerra Fría. Apoya a los movimientos de liberación nacional y promueve la lucha contra la penetración ideológica del imperialismo en el mundo académico. Sin embargo, Cuba no deja de sufrir los ataques de su enemigo. El golpe más duro lo recibe en Barbados, cuando un avión comercial cubano explota en pleno vuelo y muere todo el pasaje. Castro señala a la CIA. En el orden internacional, Cuba se ha alineado con la URSS. Combate con éxito en Angola y Etiopía y acusa a Estados Unidos de connivencia con China en su agresión a Vietnam. El prestigio que adquiere entre los pueblos del Tercer Mundo la lleva a liderar el Movimiento de Países No Alineados.

24 *Podrán hundir nuestros barcos, pero no nuestra conciencia,*
ni nuestra bandera
COR, 1970

ias · giron · escambray · baracoa · playa cajon · banes · imia

combatiendo
EXPOSICION
CDR·MININT al enemigo

25 **Combatiendo al enemigo. Exposición CDR - MININT**
José Ramón Chávez. COR, 1971
CDR (Comités de Defensa de la Revolución) / MININT (Ministerio del Interior)

26 *Derrotados los yankis construiremos una patria*
diez veces más hermosa
Antonio Pérez 'Ñiko'. ICAIC, 1970

27 *Los diez millones. Bang!*
Salvador Corratgé. UNEAC, 1970

28 *Jornada contra la penetración imperialista en las universidades*
OCLAE, 1971

29 *Jornada contra la penetración imperialista en las universidades*
Mario Sandoval. OCLAE, 1972

30 **Girón**
COR, 1971

31 **Girón XI aniversario**
José Gómez 'Tito'. COR, 1972

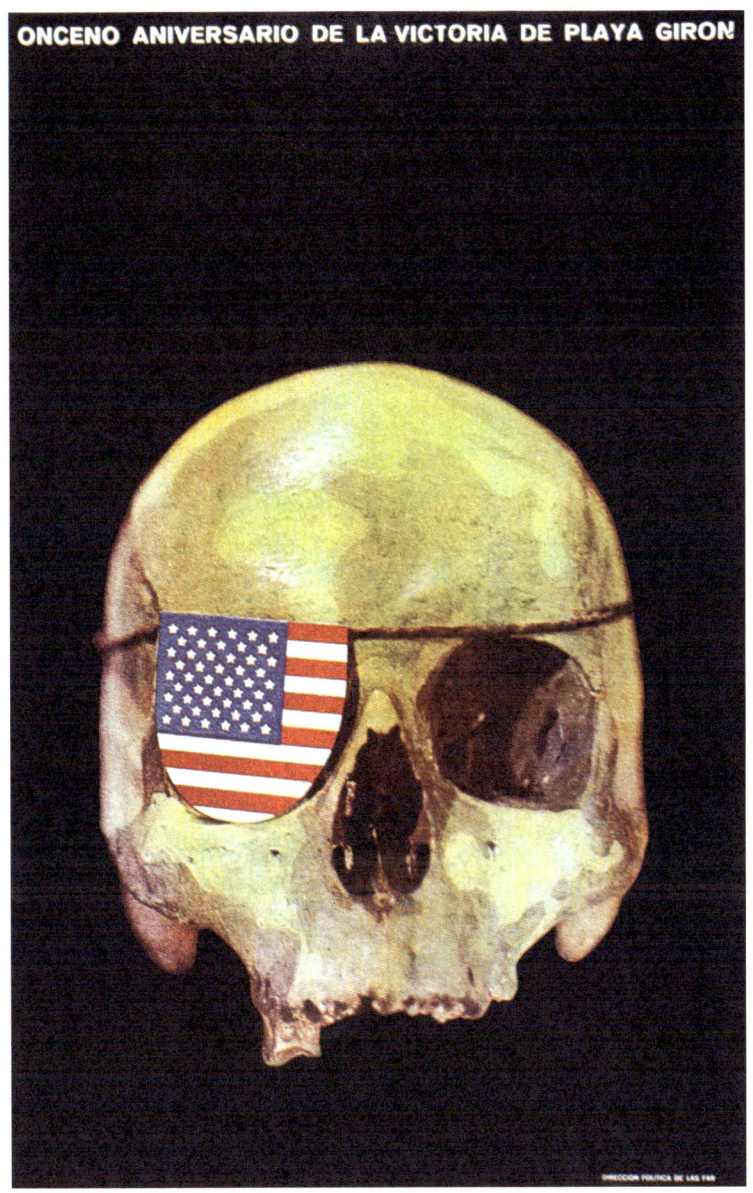

32 *Onceno aniversario de la victoria de Playa Girón*
Dirección Política de las FAR, 1972

33 *USA: error de cálculo. X aniversario victoria de Girón*
COR, 1971

34 *X aniversario de la victoria de Playa Girón*
Antonio Pérez 'Ñiko'. ICAIC, 1971

35 *Yanquis, lumpens, delincuentes, flojos, recuerden Girón*
Circa 1975

36 *Girón victoria sembrada en la historia*
COR, circa 1974

37 *Contra toda acción enemiga, vigilancia cederista*
Dirección Nacional de los CDR, 1973

NUESTRA MISION COMBATIR AL ENEMIGO

38 *CDR, FAR nuestra misión combatir al enemigo*
Circa 1975
CDR (Comités de Defensa de la Revolución) / FAR (Fuerzas Armadas Revolucionarias)

20 DE DICIEMBRE XI ANIVERSARIO DEL FNL DE VIET-NAM DEL SUR.

39 *[Naipe con las caras de Nixon y Hitler]*
Luis Álvarez. OCLAE, 1971

40 *Viva Viet Nam, quiero que los yanquis salgan de Viet Nam del Sur*
1976

41 ***Danger! Yankees on the loose. May Day***
Circa 1971
El Primero de Mayo de 1971, activistas contrarios a la guerra de
Vietnam iniciaron una manifestación pacífica con el objetivo de paralizar
Washington durante una semana. Miles de personas fueron detenidas.

42 *V CLAE. La unión antimperialista es la táctica y la estrategia de la victoria*
OCLAE, 1976

43 *La unión antimperialista es la táctica y la estrategia de la victoria*
OCLAE, 1976

VIET NAM VENCERÁ

DEPARTAMENTO DE ORIENTACION REVOLUCIONARIA DEL CC-PCC-1972

46 *Cese la opresión del imperialismo yanqui en América Latina*
Reinaldo Labrada. Comité Preparatorio VI Cumbre (Movimiento de Países no Alineados), 1979

47 *Puerto Rico. Condenamos dominación colonial*
1979

80's

El período de distensión que la presidencia de Jimmy Carter había inaugurado acaba con la crisis migratoria de Mariel. La propaganda se hace eco de este contencioso y actualiza viejos temas como el bloqueo. El anticomunismo de Reagan pone en guardia a Cuba. Su hostilidad hacia la Nicaragua sandinista y la invasión de Granada convencen a La Habana de la posibilidad de un ataque norteamericano, sobre todo cuando la URSS anuncia que en caso de agresión no la socorrerá. La gráfica se ocupa de denunciar las intervenciones de Washington en Centroamérica y el Caribe, a la vez que renueva su retórica bélica al incorporar la caricatura y el sarcasmo sin abandonar la imagen del enemigo derrotado y destruido y su seguridad en la victoria. La propuesta del impago de la deuda externa abre otro tema de confrontación con Estados Unidos, paradigma del orden económico que Cuba condena.

¡QUE SE VAYAN!

48 *¡Que se vayan!*
Comités de Defensa de la Revolución, 1980

49 *Saneamiento, a eliminarle guarida y comida*
René de la Nuez. DOR, 1981

50 *Girón. Primera derrota del imperialismo en América Latina*
Circa 1980

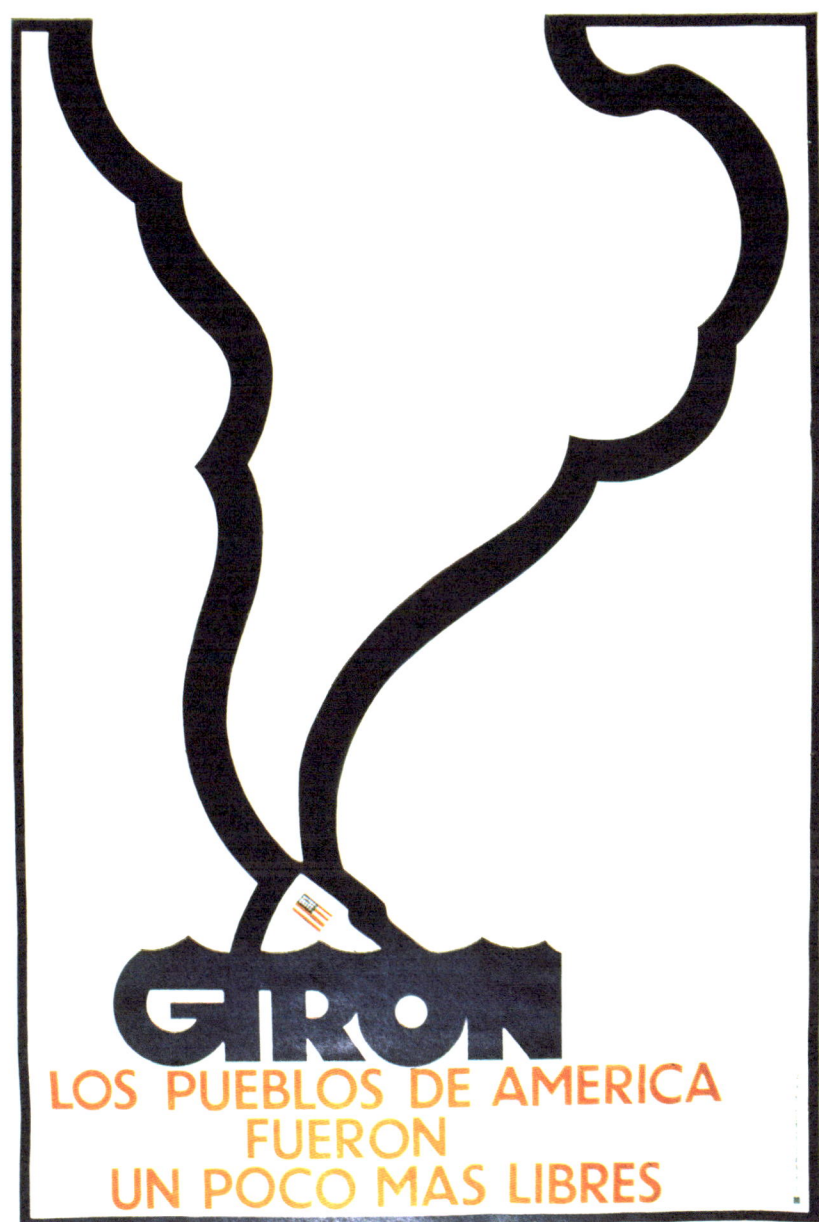

51 *Girón. Los pueblos de América fueron un poco más libres*
Faustino Pérez. Editora de Propaganda Gráfica, 1986

52 *En silencio ha tenido que ser*
Francisco Masvidal. 1981
Cartel con motivo del vigésimo aniversario de la creación del Ministerio del Interior.
Su título procede de una famosa serie de televisión cubana de la época sobre las
peripecias de un agente infiltrado en Estados Unidos.

FIDEL APRIETA
QUE A CUBA
SE RESPETA

xx aniversario
noticiero icaic
latinoamericano

53 *Fidel aprieta que a Cuba se respeta*
Eduardo Muñoz Bachs. ICAIC, 1980

54 *Solidaridad mundial con Cuba*
Rafael Enríquez. OSPAAAL, 1980

55 *Fidel seguro a los yankis dale duro*
Antonio Pérez 'Ñiko'. Ministerio de Cultura, 1980

56 *No les tenemos absolutamente ningún miedo*
Roberto Figueredo. DOR, 1981

¡MANOS YANKIS FUERA DE AMERICA CENTRAL Y DEL CARIBE!

Yankee hands off
Central America and the Caribbean!

Hors de l'Amérique Centrale
et des Caraïbes, les mains Yankees!

58 *¡Manos yankis fuera de América Central y del Caribe!*
Circa 1983

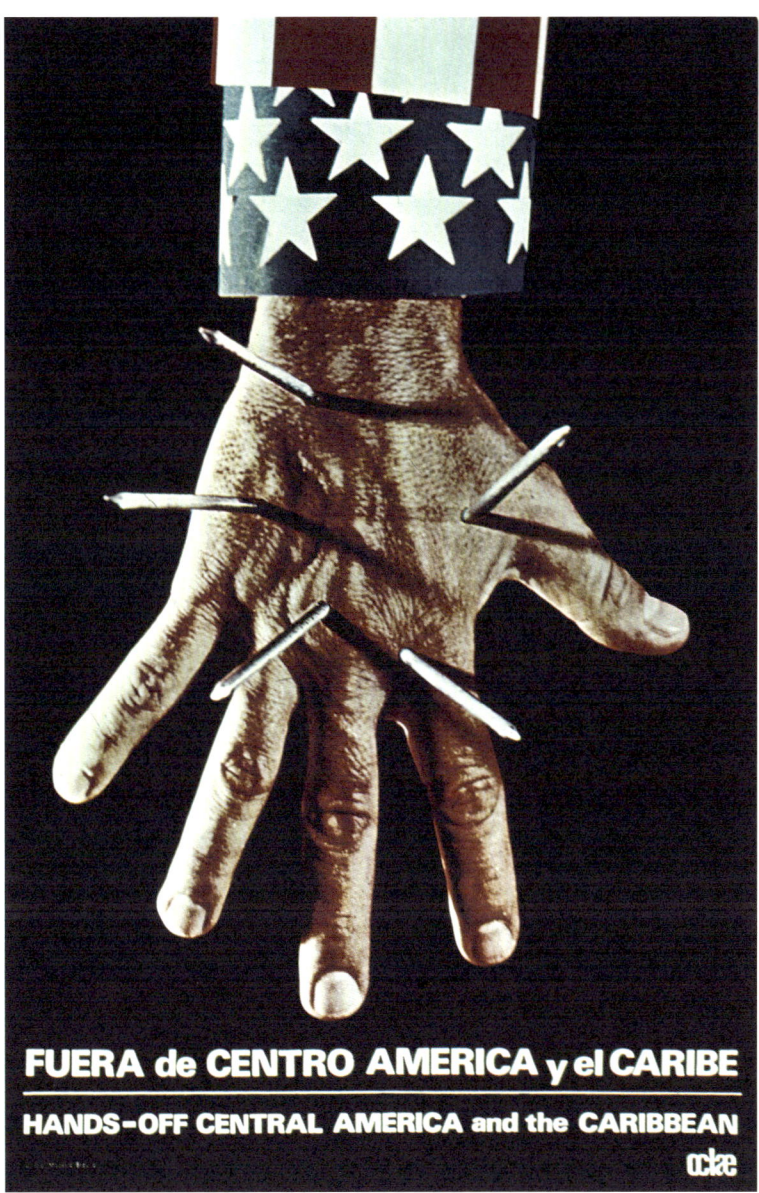

59 *Fuera de Centro América y el Caribe*
OCLAE, circa 1983

60 *Palmo a palmo defenderemos esta tierra*
Editora de Propaganda Gráfica, circa 1985

61 *Ante el bloqueo. Resistir y vencer*
Circa 1980

62 **Cese la agresión a nuestros hijos**
1984
El Frente Continental de Mujeres contra la Intervención se fundó en
Cuba a raíz de la invasión de Estados Unidos de la isla de Granada.

63 *Unidad frente a la deuda externa*
1985

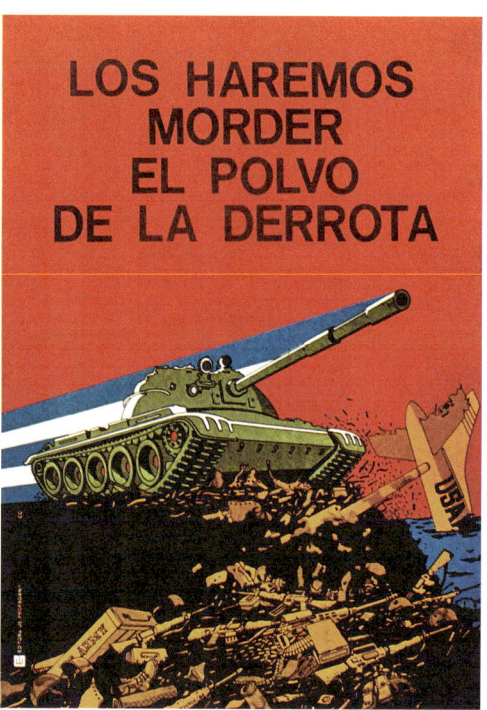

64 *Yo escribo y pinto para ti*
Roberto Figueredo. Casa Central MININT, 1985

65 *Los haremos morder el polvo de la derrota*
Editora de Propaganda Gráfica, circa 1985

66 *Patria o muerte*
1980

90's

El asedio no cesa. Washington crea Televisión Martí para inundar la isla con propaganda anticastrista, pero La Habana consigue interferir la señal. Lo que no puede evitar es que la URSS pierda la Guerra Fría y se hunda. Sin la asistencia económica y militar del bloque socialista comienza la etapa más crítica para la Revolución, el 'Período especial en tiempos de paz'. La escasez general afecta también a la edición de carteles, que prácticamente desaparecen. Cuba es más isla que nunca, y Estados Unidos está decidido a precipitar su caída endureciendo el bloqueo. Las leyes Torricelli y Helms-Burton se añaden a su estrategia de asfixia económica, que la gráfica denuncia como genocidio. La atmósfera de fortaleza asediada también impregna su discurso con mensajes de resistencia y unidad. Washington insiste en hostigar a Cuba y la acusa de no respetar los derechos humanos. La Habana dice usar una vara de medir distinta sobre este asunto.

67 *Con este pueblo no se juega*
Editora Política, 1990

68 *Otro tiro por la culata*
Editora Política, 1990

69 *La unidad nos hace indestructibles*
Editora Política, 1991

BLOQUEO YANQUI: GENOCIDIO CONTRA CUBA

72 *Girón. Victoria siempre*
1990

DER
2OH
OS

EL PUEBLO ES N

73 *Derechos. El pueblo es nuestro testigo*
Editora Política, circa 1999

00's

La propaganda retoma el contencioso migratorio con el caso de Elián González, el niño balsero. Su vuelta a la isla es una derrota dolorosa para exilio de Miami, pronto compensada por las durísimas condenas para los cinco agentes infiltrados en organizaciones anticastristas de Florida. Bush incluye a Cuba en el 'Eje del Mal', acusándola de apoyar el terrorismo. La gráfica replica con imágenes de prisioneros iraquíes torturados por soldados norteamericanos. La virulencia retórica aumenta cuando Washington se niega a extraditar a Posada Carriles, el cerebro del atentado de Barbados, virulencia que continúa con la condena del Plan Bush para desmantelar el modelo político de la isla y acelerar su transición hacia una economía de mercado. La hostilidad de la Casa Blanca también obliga a renovar el discurso sobre el bloqueo. Las referencias a Estados Unidos en la propaganda prácticamente desaparecen con la llegada de Obama a la presidencia.

Salvemos a
ELIAN

75 *Libertad a la verdad y la justicia en Estados Unidos*
Editora Política, 2004

76 *¡Qué bárbaros! Han liberado a un terrorista*
Editora Política, 2005

77 *Posada & Bush Company. La injusticia tiembla*
Editora Política, 2007

81 **El asesino**
Editora Política, 2007

82 **No hay fuerza capaz de destruir la Revolución**
Editora Política, 2007

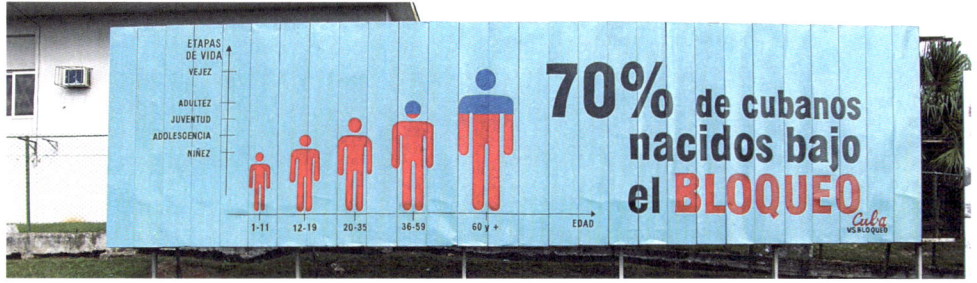

85 *70% de cubanos nacidos bajo el bloqueo*
Editora Política, 2008

86 *3 días de bloqueo equivalen a la impresión de todos los libros de texto de un curso escolar*
Editora Política, 2007

87 *..el Plan Bush: Les quitará el beso de la mañana y el apretón*
    a la salida de la escuela y la mirada pícara de siempre.
    Editora Política, 2007

88 *Confirmar eliminación w.bush.genocidio@plan.hp*
    2006

89 *Pero jamás podrán quitarme la música...*
Editora Política, 2007

90 *Cuba bloqueo*
2010

91 *¡Viva Cuba libre! Bush fascista no hay agresión que Cuba no resista*
2005

93 *La libertad no se puede bloquear. Plan Bush. Aquí no hay miedo*
Editora Política, 2006

English

Foreword

The painstaking research of Dr. Alfons González Quesada has resulted in much more than a catalogue to accompany an exhibition. The pages and the images of this book portray the permanence of a discourse still ceaselessly bellicose and charged with symbolism. In Cuban political propaganda, activated since 1959, we can clearly decipher the ideological definitions that have underpinned the governments of Fidel Castro, until August 2006 when he delegated his functions to his brother Raúl Castro. The inhabitants of the Caribbean island have been the audience of the creative advertising campaigns of the Revolution, conceived to fortify its set of ideas and its very survival. Many of the messages and slogans coined over the years were actually directed at the country's permanent foreign enemy, the United States.

It was on March 10th, 1952 that Fulgencio Batista carried out a military coup with the support of the United States, initiating a dictatorship with all the classic ingredients of the manual of authoritarianism: repression, torture, death, and institutionalized corruption. At dawn on July 26th, 1953, a group of 150 young men decided to attack the Carlos Manuel Céspedes barracks in Bayona and the Moncada barracks in Santiago de Cuba. Although Fidel Castro Ruz failed in terms of military strategy in both attacks—52 guerilla fighters were killed and 18 more captured and imprisoned, the Castro brothers among them—he won a political victory that would serve him by making him known to the entire island during the trials of the guerilla which began on September 21st.

In the 1950s the Caribbean region witnessed the consolidation of dictatorships such as that of François Duvalier in Haiti (succeeded by his son Jean-Claude in 1971) and of the sanguinary "Generalissimo" Leónidas Trujillo in the Dominican Republic. In Guatemala, in 1954, the democratically elected president Jacobo Arbenz Guzmán would be overthrown in an operation designed by the CIA. In Colombia there was a military coup in 1953. A year later, in Paraguay, there was the coup by Alfredo Stroessner, who remained in power until 1989. In Argentina, Juan Domingo Perón was overthrown in 1955. In Honduras, in 1956, a military junta took power and two years later, in Venezuela, another junta deposed the dictator Marcos Pérez Jiménez. It was a decade marked by an escalation of tension in the Cold War waged by the two superpowers that had emerged from the end of the Second World War in 1945.

The turning point, the point of reencounter after fifty-five years of permanent conflict, took place, not without a certain surprise, with the announcement of the reestablishment of diplomatic relations between the United States and Cuba on Wednesday, December 17th, 2014, when presidents Barack Obama and Raúl Castro transmitted, at the same moment, from Washington, D.C., and Havana respectively, their willingness to initiate the thaw, the beginning of the end of the Cold War in the western hemisphere. For once, the political and diplomatic prudence of the two interlocutors, without filters, achieved the goal of an agreement that had been desired for many years. Some while later, on March 21st, 2016, the moment would come for Barack Obama to land on the island, raising the status of the agreement to the category of irreversible. Eighty-eight years had passed since the last visit of an American president, that of John Calvin Coolidge, the thirtieth to hold the office, on July 15th, 1928.

It is in this new open context of relations between the United States and Cuba that the Fundación Casa Amèrica Catalunya has proposed to work again with Professor Alfons González Quesada, in the aim of selecting on this occasion those messages specifically addressed to the United States by the official Cuban propaganda machine.

Sam Is Not My Uncle: The USA in Cuban Poster and Billboard Art is a faithful and objective reflection of the high degree of tension and verbal confrontation reached in the collision course between Cuba and the United States. The propaganda posters and billboards that have been part of the landscape of the island for decades are destined to disappear, to form part of the history of the conflict. Here at the Casa we believe the time has come, precisely now, to put them on display, accompanied by a cycle of debates and lectures which will bring together the old and the new reality of a future full of hope.

Our special thanks, for their collaboration and support, to Editorial RM and to brothers Javier and Ramón Reverté, as well as to the Cultural and Scientific Affairs Section of the Agencia Española de Cooperación Internacional al Desarrollo (AECID).

Antoni Traveria
General Director of the Casa Amèrica Catalunya

★   ★   ★

Introduction

Toward the end of 2008, just before the celebration of the fiftieth anniversary of the Revolution and a few weeks before Barack Obama's inauguration, the billboards were removed from the walls across from the United States Interests Section, the US diplomatic representation on the island. For almost thirty years, that enormous building on the Malecón in Havana had borne witness to the forcefulness and creativity of Cuban designers in denouncing Washington's policies against Cuba. Taking a look at the contents of their messages was always a good way to gauge the temperature of relations between the two countries. The removal of the billboards also contained a message: a gesture of good will toward the new occupant of the White House. The message continues today. No new anti-US billboard has been put up on the Malecón.

The Revolution that triumphed in 1959 sought to shake off the semi-colonial domination of the United States. It is worth recalling that, until 1934, the Cuban constitution granted Washington the right to intervene in the country in order to protect its interests and that, before the Revolution, the main sectors of the Cuban economy were in the hands of US companies. Given this background, the conquest of full sovereignty could only lead to confrontation. That confrontation has so determined circumstances in Cuba that it has become one of the core themes of its propaganda. For more than half a century, billboards and posters have explained different episodes of the conflict and have reserved a space for the depiction of the enemy, making it one of the principal elements of the imaginary of the Revolution. The enemy is not the people of the United States, as the Cuban authorities have always insisted on clarifying, but its government and the springs of power whereby it imposes its hegemony (military and economic power, control of the media, the Secret Service, etc.). 'Invader', 'mercenary', 'terrorism', 'blockade', 'genocide', 'imperialism', are some of the terms that that Cuban posters and billboards have used to designate the United States. There is no less diversity on the visual level: the American eagle, the Stars and Stripes, the US dollar, the Presidents, and what is doubtless the most common referent of all, the personification of the nation: Uncle Sam. Posters and billboards have reflected the struggle between hegemony and sovereignty; between Washington's efforts to destroy the Revolution and the determined tenacity of Cuba in resisting. Caricature, insults, accusations, condemnations, threats are some of the discursive strategies used to reaffirm the superiority of revolutionary values and principles and, to be sure, to convey confidence in ultimate victory.

The reestablishment of diplomatic relations and Obama's visit to Cuba shut down one of the last fronts of the Cold War. Apart from the political and economic consequences this is likely to entail, it probably puts an end to a certain kind of propagandistic content. *Sam Is Not My Uncle* seeks to explain the evolution of the discourse that Cuban propaganda developed with regard to the themes and episodes that have shaped relations between Cuba and the United States since 1959. The book includes images of the billboards and posters, organized chronologically and preceded by a brief introduction to make their context and meaning comprehensible. The graphic material comes from the archive of the Political Publishing Section of the Cuban Communist Party, with which the author has a collaboration agreement designed to preserve, disseminate, and make available for study this documentary heritage, as well as from his own private collection.

The '60s: This Time the *Mambises* Entered Santiago

"This time the *mambises* really did enter Santiago." It was with this veiled allusion to the United States that Fidel Castro announced the triumph of the Revolution. In 1898, following the Spanish defeat, US troops prevented the *mambises* of General Calixto García from entering Santiago and claiming victory. As on that occasion, Washington preferred to decide the future of the island, maneuvering until the last moment to save the Batista regime and to prevent Castro from coming to power. But on January 2nd, 1959, when Castro spoke of the triumph of the new *mambises* from the balcony of the Ayuntamiento de Santiago, the Cubans knew that the tutelage of their northern neighbor had come to an end. One of the first signs of change was the exit of the US military mission, the advisors who had been supposed to help Batista's troops defeat the guerilla columns. What good were they if the army had been beaten and broken up?

The passage to sovereignty was in full swing. The nationalizations, the agrarian reform, and the expropriations of large agricultural properties, many of them under US ownership, alarmed the White House, which responded by freezing investment and the purchase of sugar. And if the economic siege was not enough, there was still sabotage. The most spectacular incident took place in March of 1960, when the merchantman *La Coubre*, freighted with arms and ammunition, exploded in the port of Havana. The funerals of the hundred or so victims provided two elements that would be employed repeatedly on future posters and billboards: the slogan *¡Fatherland or Death!* and the image of Che Guevara that would become a global icon.

On January 3rd, 1961, the tension increased. The two neighbors broke off diplomatic relations. Havana established close ties with Moscow, which was buying the sugar Washington had disdained and planning to provide the island with arms, military advisors, and technology. The White House did not stand idly by while a Caribbean branch of the Kremlin was set up. On April 15th, US warplanes bearing the Cuban flag bombarded military airports all over the island. It was the prelude to an invasion. On the following day, Fidel Castro accused the United States of aggression and proclaimed the socialist character of the Revolution. Kennedy ordered a plan to be executed that had been conceived by the CIA for his predecessor Eisenhower, which was to culminate in the landing at the Bay of Pigs of an expeditionary force made up of Cuban exiles. They were to set up, on the territory they came to control, a provisional government that would be recognized by Washington and then given support in the form of a military intervention. It was expected that the Cuban people and army would rise up in defense of the intervention. But the Cuban air force changed the script. The landing was carried out under heavy air fire that put the transport ships carrying equipment and ammunition for the ground forces out of commission. Kennedy's refusal to authorize the intervention of the Marines sealed the fate of the invasion. The Cuban victory at the Bay of Pigs was incorporated into revolutionary celebrations, with generous contributions from posters and billboards, which insisted on pointing out that the hand of Washington had been guiding the mercenaries from behind the scenes. *The first defeat of imperialism in the Americas* [18, 19] would become the recurring slogan of the propaganda about the episode.

Photography, which has left a testimony to those days, provided images that would inspire new designs. One of the best-known, captured by Mario Collado, shows Fidel Castro climbing down from a tank. The image was used for the first time on a poster celebrating the sixth anniversary of the victory [19]. Other examples, no less emblematic, are the image of the smoking freighter *Houston*,

run aground in the bay after having been disabled by Cuban air fire, and the one of lines of captured mercenaries. Both of these images served as the nucleus of future designs that commemorated the US defeat at Playa Girón.

Kennedy did not relent in his efforts to finish off the Cuban regime and its leader. He soon authorized Operation Mongoose, a code name for covert operations developed by the CIA. On the diplomatic front, he convinced the OAS to expel Cuba, thereby isolating it from the rest of the hemisphere. By February of 1962 the siege was complete, with the establishment of the economic, commercial, and financial embargo. No US company could thenceforth do business with Cuba. As we shall see, the blockade would occupy an important place in Cuban propaganda.

The propaganda about the Bay of Pigs is charged with warlike rhetoric. Slogans like *Death to the invader!* [9] and *Destroy the enemy!* [10] exemplify the verbal violence of the compositions of the time, prolonged in the visual aggressiveness of the human figures. Another outstanding example is the poster by Forjans: *Wherever he peeks out is where he'll remain!* [16], in which a rifle cradled in a muscular arm is aimed at a menacing Uncle Sam in the distance. The discourse that emerged from the Bay of Pigs would continue in the designs provoked by the Cuban Missile Crisis of October 1962. But before dealing with that episode, we should look briefly at the Literacy Campaign.

By the end of 1961, the Revolution had fulfilled Fidel Castro's promise, made at the United Nations, to eradicate illiteracy within one year. The Cubans mobilized in massive numbers: more than 300,000 volunteers, most of them students, taught almost 700,000 of their compatriots to read. The campaign was carried out all over the country. Nothing slowed it down: neither the Bay of Pigs nor the acts of terrorism aimed at instilling fear in the young teachers. In homage to the first volunteer who was assassinated, the literacy brigades bore the name of Conrado Benítez. *Against Yankee imperialism, learning to read!* [8] was the slogan of the central poster of the campaign, which showed a volunteer mortally wounding the American eagle with his pencil. The symbolism of the composition turned about the confrontation between Cuba and the United States. The most curious thing was that, from then on, Cuban propaganda would interpret the social, political, and economic conquests of the Revolution not only as Cuban victories, but as so many defeats of its enemy.

To return to the October Crisis of 1962. Cuba had taken its place definitively within the Soviet orbit, seeking to dissuade Washington from a new invasion behind the nuclear shield of the USSR. For Moscow, the installation of its nuclear warheads on the island was a counterweight to the US missiles aimed at the Kremlin from Turkey. Cuba's geographical location made it a vital piece on the chessboard where the two superpowers were playing the game of the Cold War. Kennedy, alerted by evidence that missile launch facilities were being built on Cuba, declared a naval blockade of the island in order to prevent it from receiving nuclear arms. For two weeks, the world was on the brink of atomic war, until Kennedy and Khrushchev resolved the crisis. Moscow failed to consult with Havana about withdrawing the missiles, leading thousands of slighted Cubans to chant in the streets: *Nikita mariquita, lo que se da no se quita* ("If you give it, don't take it back," preceded by a homophobic slur). The tone was very different from that of the posters designed in the days when it was thought the island would become the battleground of the Third World War. The experience of the Bay of Pigs had demonstrated the need for "preventive posters": designs made in time of peace to respond to the contingency of any act of external aggression, encouraging the population to fight, to defend the homeland, and to maintain unity. Slogans such as *On a war footing* [12, 13] and *Alert!* [14] inundated the streets during the Missile Crisis, along with other posters produced around the same time, such as Quintana's: *We're all one* [7] and *To arms!* [15]. All of them shared concise, urgent messages and used large-format typography.

In line with its anti-imperialist vocation, Cuba put into practice one of the guiding principles of its policy toward the Third World:

internationalism. This included both political and military support for national liberation movements and civilian aid in the fields of education and health care. In 1965 Cuba made a call to the peoples of Latin America, Africa, and Asia to combat imperialism, inviting them to the Tricontinental Conference to be held in Havana in 1966, where the Organización Latinoamericana de Solidaridad (OLAS) was founded, in the aim of coordinating the struggles of different leftist movements against capitalism. These were the years of Che Guevara's promise to create "two, three, many Vietnams" and of the campaigns of solidarity with the countries of Southeast Asia in the resistance to US aggression. Three-continent solidarity and the denunciation of imperialism also had its graphic art, the finest exponents of which were the compositions of the Organización de Solidaridad de los Pueblos de África, Asia y América Latina (OSPAAAL) and the student group Organización Continental Latinoamericana de Estudiantes (OCLAE). An example of the former is the poster by Mederos: *Solidarity with Vietnam Week* [22], which expresses the strength of Vietnamese resistance by means of the crumpled top hat of Uncle Sam. Belaguer's design for the OCLAE, *Continental day of support for Vietnam, Cambodia, and Laos* [23] shows President Nixon, responsible for the reescalation of the conflict in the region and with thousands of victims, according to the poster, lying heavy on his conscience. It was not the first time that a composition alluded to a US president. Even before the Bay of Pigs, *Stop… Mr. Kennedy, Cuba is not alone* had circulated, recalling Soviet willingness to come to Cuba's aid in the event of an aggression. Lyndon B. Johnson also appeared in a poster by Alfredo Rostgaard created for the documentary film *Hanoi, martes 13*. In this case, the bombs falling on Vietnam bear the face of the US president.

The '70s: Combatting the Enemy

More than ten years into the revolutionary process, the discourse of Cuban propaganda was firmly installed in the rhetoric of confrontation. Cuba was *combatting the enemy* [25]. The attacks on the island would not cease, suggests a poster from 1970: *They can sink our boats, but not our conscience* [24]. Around this time, Alpha 66, a Miami-based terrorist group, had sunk two vessels of the Cuban fishing fleet. But the hardest blow was still to come.

In this context of confrontation, the Bay of Pigs was recalled with lacerating visual violence. The annihilation of the enemy was summed up in the toothless skull of an enemy combatant [32], the severed hand of a mercenary [35], or the head of the Statue of Liberty impaled on a bayonet [36]. The Bay of Pigs was also a triumph that allowed Cubans to transform their country radically, as explained in the image that declared: *Once the Yankees are destroyed, we will construct a country ten times more beautiful* [26]. Yet another message was concealed behind the allusion to the victory at Playa Girón. The reference to "ten" is not insignificant, since the work was published in 1970, the year of the ten-million-ton harvest.

Cuba was the world's sugar producer and, until the Revolution, had been the main supplier of sugar to the United States. The loss of the US market following the nationalization of the sugar cane mills had not been as serious for the industry as the embargo, which prevented it from acquiring spare parts for the mills, reducing production to less than the five million tons of 1958. Nevertheless, the government was confident that sugar could be the springboard to lift Cuba out of underdevelopment. An extraordinary harvest would generate a surplus with which to acquire the foreign currency to drive the industrialization of the country and diversify its economy. A spectacular harvest of ten million tons was what was needed for 1970. "Let's go for ten million!" was the rallying cry that hundreds of thousands of volunteers participating in the harvest would read on posters and billboards. The success of the harvest, like that of the literacy campaign, would be another setback for the enemy. Hence the poster that read *The ten million, bang!* [27], with the Stars and Stripes in shreds. But the "bang!" remained an unfulfilled wish. In spite of all the efforts and the virtual paralysis of the other industrial sectors, just a little more than eight million tons was achieved.

The struggle against the enemy was waged on various fronts, because the enemy was the same, though it took different forms. One of them was cultural hegemony, ideology. Among the objectives of the student organization OCLAE, created in 1966 in Havana (the capital in those years of the anti-imperialist struggle in the Third World), was to check the ideological penetration of imperialism in the academic world, and it used visual art to make its objectives known. Its posters for the congress *Against imperialist penetration in the universities* [28, 29] always identified the United States as the enemy, at times through the American eagle flying over the university, at times through representations of the economic power wielded by academic discourse.

Allusion was made above to the hardest blow received by Cuba in those years. It happened on October 6th, 1976, when two explosives went off on a Cubana de Aviación DC-8 shortly after it had taken off from the airport in Barbados. All seventy-three people on board were killed. Two Venezuelan passengers who had gotten off the plane in Barbados were directly responsible for the attack. Under interrogation they accused Luis Posada Carriles and Orlando Bosch of having planned it. The police found proofs that confirmed the accusation, and almost at the same time, the FBI learned that the blow had been the work of CORU (Comando de Organizaciones Revolucionarias Unidas), an anti-Castro group headed by Posada and Bosch, two Cubans who, in addition to sharing a long history of sabotage and terrorist acts, were former CIA agents. Mysteriously enough, Orlando Bosch was acquitted two years later and deported to the United States, where in 1990 President George H. W. Bush pardoned him. (It may be recalled that Bush the elder had been the director of the CIA in 1976.)

A few days after the attack, hundreds of thousands of Cubans filled the Plaza de la Revolución in Havana to bid farewell to the victims. In his speech, Fidel Castro accused the CIA of being behind the crime. Two billboards appeared at the time in reference to the attack. In both of them, the absence of iconic elements highlights the text, which appears against a black background: *CIA assassins!* [1] and *When a virile, energetic people weeps, injustice trembles*. The latter phrase was taken from Castro's speech and would be reused in the future, when Cuban poster art devoted another chapter to Posada Carriles [78].

The conflict in Vietnam remained on the propaganda agenda, which tended to alternate solidarity with the peoples suffering US aggression and denunciations of Nixon as a war criminal. Identifying Nixon with Hitler was the strategy employed by Álvarez in his poster [39] accusing the US president of genocide. The swastika accompanying both figures underlines the message. The Cuban press of the time also used the Nazi symbol to demonize Nixon, always changing the "x" in his last name into a swastika. The same idea would be used sporadically in posters and billboards depicting the younger Bush.

Two years after the triumph of the Revolution, Cuba had participated in the founding of the Non-Aligned Movement. The organization was born out of the breakdown of the colonial system and was opposed to any kind of foreign domination or interference. In 1979 Castro was the Secretary General of the Movement and Cuba hosted the sixth summit. The Cuban propaganda machine did not let an event of this magnitude escape, demanding an *end to the oppression of Yankee imperialism in Latin America* [45, 46]. But the anticolonial struggles made it impossible for the Movement to escape the dynamic of the Cold War. The supposed equidistance it was supposed to maintain from the two superpowers melted away, especially when Cuba led the organization. Since 1975, Cuban troops had been fighting in Angola and Havana's foreign policy toed the Moscow line. This earned it the accusation of being a Third World pawn in the service of the Kremlin. The compositions aimed at denouncing Chinese aggression in Vietnam need to be understood in this context. Toward the end of 1978, Vietnam, an ally of the USSR, occupied Cambodia in order to put an end to the genocidal regime of the Khmer Rouge, and Beijing, which had been protecting the regime, responded with an incursion into Vietnamese territory. One element stands out in the Cuban posters devoted to this forgotten conflict: the initials of the United States [44]. Cuba not only denounced the Chinese aggression, but also the support of the White House and its collusion with its communist ally for the purpose of checking the expansionism of a common enemy in the region, the USSR.

The '80s: Let Them Leave!

On April 1st, 1980, six people crashed a bus into the fence of the Peruvian embassy in Havana. They burst into the compound and requested political asylum. When the Peruvian authorities granted the request, Cuba withdrew its personnel protecting the entrance to the compound and within a few days more than ten thousand people were occupying the embassy. They wanted to leave the country. The episode reflected the discontent of a part of the population, but at the bottom of the matter was the US immigration policy with respect to Cuba. Since 1996, when Congress had passed the Cuban Adjustment Act to regularize the situation of those who had fled the Revolution, Washington had been restricting modes of legal immigration from Cuba, even as it granted residency, social security, and political asylum to any Cuban that arrived in the country. An open invitation, in short, to leave the island illegally.

When Cuba decided to open the port of Mariel and allow anyone to go who wanted to, the Cuban community in Florida established a maritime bridge known as the "Freedom Flotilla." The Carter administration, fearing a migratory avalanche, was opposed to the influx of refugees, but finally yielded to the facts on the ground. In four months more than 120,000 people arrived in Florida. In Cuba, the crowds parading through Havana on May Day demonstrated their adhesion to the Revolution and their repudiation of those abandoning the island. Posters and billboards used insults to stigmatize the marielitos. They were branded scum, delinquents, anti-social, and though the brunt of the attacks were borne by the Cubans who betrayed the Revolution, the United States also came in for its share. "Let them leave!" was the rallying cry those days, soon appearing on posters and billboards. In one of them [48], the marielitos are depicted as rats and bedbugs swarming amidst the filth of a trash can, whose colors and dollar symbol represent the United States, the destination of those fleeing the country. The symbolic lynching is depicted again on an untitled billboard where Uncle Sam, like the Pied Piper, cleans out Cuba, leading away all the vermin attracted by the tune of money [2].

While the Mariel crisis was at its peak, some military maneuvers were scheduled to be performed off the coast of Cuba, with a landing at the naval base of Guantánamo included. Havana protested against what it considered a provocation and put its troops on alert. The rhyming slogans Fidel aprieta que a Cuba se respeta (Fidel, keep up the pressure: Cuba deserves respect!) [53] and Fidel seguro a los yankis dale duro (Fidel, for sure: give it to the Yankees!) [55] were two of those chanted to celebrate the suspension of the maneuvers.

Months after the Mariel boatlift ended, in 1981, an epidemic of dengue hemorrhagic fever broke out on the island. The first cases appeared simultaneously in places located far apart from one another and, within a few weeks, 150 people had died. Havana accused the United States of having introduced the infectious virus into the island. Posters and billboards took up the accusation with the design of a dengue-bearing mosquito superposed onto the anagram of the CIA, beneath the forceful caption: We will eradicate it [3].

The Republican Ronald Reagan occupied the White House in 1981, determined to combat the communist menace worldwide. Cuban propaganda responded with a caricature showing Uncle Sam fleeing in fright from a pointed bayonet, with a phrase that would be popular in other designs as well: We have absolutely no fear of them [56]. But the hostility of the United States towards Nicaragua and Grenada, regional allies of Cuba, convinced Havana

of the possibility of a large-scale aggression. If it were to happen, the propaganda declared, it would definitely be the end of the enemy. They shall not pass [57], We'll make them bite the dust of defeat [65], We'll defend every inch of this land [60]. The slogans recalled the days of the Missile Crisis, although in some cases the reasons had been refurbished. The return to the bellicose rhetoric of former days was in consonance with the so-called War of the Whole People, the new defensive strategy devised in Cuba once the Kremlin had ruled out the possibility of intervening in the event of an invasion of the island.

The prelude to what might be an attack on Cuba took place in October 1983, when the United States invaded the island of Grenada. US Marines and Cubans (mostly construction workers who were building an airport in the capital) fought for the first time since the triumph of the Revolution. Safeguarding the stability of the country and protecting US citizens were Washington's pretexts for intervening and putting an end to the pro-communist regime on the island. The image of Uncle Sam with his hands cut off and the slogan Yankee hands out of Central America and the Caribbean! [59,58] summed up the Cuban indictment of US interventionism in the region. A propaganda exercise that would be repeated in late 1989 with the invasion of Panama.

Cuba also denounced other forms of violence, such as the indebtedness of the Third World, which subordinated its development to the interests of the great powers. When several Latin American countries defaulted on their external debts in the 1980s, Havana tried to form a common front in obtaining an indefinite moratorium on the payment of the debts, but none of the governments followed suit, turning a deaf ear to the popular mobilizations and campaigns against the austerity measures proposed by the IMF and the World Bank. In the poster Unity in the face of the external debt [63], the US dollar is the symbol that evokes the pillaging suffered by the Latin American economies.

The '90s: You Can't Mess with Us

Another kind of war had begun in 1985, when the Reagan administration created Radio Martí. Washington financed the broadcaster and put it into the hands of the Cuban American National Foundation, which, since its founding in 1981, had never concealed its intention to destroy the Revolution. Through Radio Martí, broadcasting from Miami, the Foundation sought to flood Cuba with anti-Castro propaganda and break the government monopoly of information on the island. Havana managed to block the broadcasts in Cuba, but that did not deter the efforts of the White House or of the Cuban exiles, who in 1990 renewed the assault with the creation of Televisión Martí. The aims were the same, though in this case the signal was broadcast from a hot-air balloon flying 3,000 meters high off the Florida keys. Again, Havana managed to interfere with the signal and frustrate the airwave attack. The failure of the US endeavor is told in Another one backfires [68], in which a disconcerted Uncle Sam looks haplessly at a blank television screen.

It was 1989 and the government in Havana was preparing for the arrival of Gorbachev, aware that every communist regime he visited tended soon thereafter to totter and fall. Such were the corrosive effects of the perestroika that Castro politely rejected. What could not be avoided was Moscow's decision to reduce its economic and military aid. The USSR was losing the Cold War and the shock waves of its collapse would soon rattle Cuba. In 1991 the Revolution entered its most critical stage, the "special period in time of peace," which is to say: scarcity and restrictions of all kinds in a context of international isolation. Without the umbilical cord of the Eastern Bloc countries, Cuba was more of an island than ever, and the Castro regime seemed to be approaching its end. Washington was rubbing its hands in anticipation. It was confident that with just another turn of the screw of its policy of economic suffocation, the regime would fall and the island return to the fold that it should never have left. The atmosphere of a fortress under siege in Cuba gave full meaning to the slogan "to resist is to overcome." In the face of the enemy threat, the defense of revolutionary conquests and principles could only be guaranteed by unity, because *unity makes us indestructible* [69]. The main conquest in danger was the sovereignty of the nation, whose defense to the last was made clear in messages on posters and billboards such as *You can't mess with this people* [67], *We want no masters here* and *I make the rules in my own house.*

The first turn of the screw came in 1992, when Congress passed the Cuban Democracy Act, also known as the Torricelli Act, yet another piece in Washington's machinery of economic warfare. The law had two novelties: it extended the prohibition on doing business with Cuba to subsidiaries of US companies in third countries and it set barriers to Cuban foreign trade by requiring ships that transported goods to the island to wait for six months before entering any US port. In other words, a reinforcement of the blockade, a strangulation that the Cuban exiles applauded unreservedly. In *Here, steadfast, certain* [4], the fist of Cuba squashes a *gusano* (the Cuban exiles were referred to as 'worms') holding up a sign bearing the name of Congressman Torricelli.

The incident of the Brothers to the Rescue planes would be the pretext for yet another turn of the screw. In 1995 the Miami-based exile organization, which claimed to help people wishing to abandon the island, repeatedly violated Cuban air space and even dropped anti-government propaganda leaflets on Havana. In February 1996 Cuban fighter planes challenged two Cessnas, which ignored the warnings and were shot down. Both pilots were killed and the incident offered the Clinton administration an excuse for once more reinforcing the blockade. Just a month later, the Helms-Burton Act was passed. The law's stellar measure was to deprive Cuba of foreign investment by sanctioning foreign companies that did business in the United States for establishing commercial ties on the island. Cuban propaganda was quick to respond, denouncing the blockade as a *genocide against Cuba* [71]. More elaborate were the designs that played with the names of the congressmen who had sponsored the new law (Helms and Burton). In one of these, they are joined by a swastika and depicted as the nauseating stench that rises from a urinal with the colors of the Stars and Stripes. In another, they are seen from the back, forming part of the slogan of the billboard *Cuba is not for sale* [72].

On the diplomatic front, the United States insisted on accusing Cuba of failing to respect human rights, even obtaining the backing of a UN commission charged with investigating the matter in its condemnation of the Castro regime: a maneuver aimed at undermining the international prestige of the country. By human rights, Washington meant civic and political rights, judged by the standards of liberal democracy that Havana did not share, giving precedence as it did to social rights. The billboard *Rights. The people bear witness* [73] exemplifies the contrasting interpretations of the matter by the two countries.

The '00s: Freedom Cannot Be Blockaded

Elián González was the most famous child in Cuba, and probably in the world. He had been the victim of the "wet feet, dry feet" immigration policy that Washington had applied since the crisis of the Cuban "boat people" had begun. Those intercepted on the sea (with "wet feet") were repatriated, while those who managed to make it to the United States (with "dry feet") were accepted as political refugees. The Russian roulette of illegal emigration did not discourage Elián's mother, who decided in 1999 to cross the Florida Straits with her five-year-old son. The crossing ended in disaster. Elián's mother died and he was adrift for two days until some fishermen found him and took him to the United States. There, relatives in Miami requested custody of the boy, while his father in Cuba demanded his return. The legal question turned into an arm-wrestling match between Cuba and Miami, against the backdrop of US immigration policy. On the Malecón in Havana, thousands of demonstrators hoisted up banners reading *Let's rescue Elián* [74], which encapsulated the official discourse regarding the Cuban diaspora: a hostile, alien world from which you needed to protect yourself.

Elián returned to Cuba in June 2000, after the Supreme Court of the United States rejected the Miami relatives' last appeal to win custody of the child. His return to Cuba was a painful defeat for the exiles, who were nevertheless soon able to even the score with the case of five Cubans arrested in Miami. These were secret agents who had entered the United States under false identities in order to infiltrate the organizations acting against Havana's interest and to undo their plans. The district attorney charged them with spying. The Miami exiles were to do everything they could to make the trial a settling of accounts with the regime that the five agents represented. The prosecution convinced the jury that the agents' intention was to attack the United States and the punishment was exemplary: three life sentences and two others of nineteen and fifteen years each.

As Cuba denounced the irregularities of the trial and the harshness of the sentences, propaganda highlighted the patriotism of the five heroes. This was the designation they received from the Cuban government, which demanded *Freedom for truth and justice in the United States* [75]. In 2003, the defense appealed. Two years later, the sentences were revoked and the right of the five defendants to a fair trial was acknowledged. Since then, Amnesty International and the United Nations Commission on Human Rights have denounced their incarceration as a human rights violation, but the United States has paid no heed to either organization.

Toward the end of 2003, the United States Interests Section was adorned with a Christmas tree, easily visible from without and crowned with a "75" in reference to the number of dissidents put on trial and imprisoned during the so-called Black Spring. A subtle denunciation of human rights abuses in Cuba to which the propaganda soon replied with *Happy New Year?* [5] Installed across from the Section, the billboard recalled the prisons in which Iraqi and Afghan prisoners captured by the United States military were tortured.

George W. Bush was elected president thanks to the votes of Florida. He soon manifested his hostility towards Cuba, which would be proportional to the space he was given on posters and billboards. In 2002 he included Cuba on the list of countries that belonged to the "axis of evil" for harboring terrorists. The reappearance of Posada Carriles in the United States offered Cuban propaganda the opportunity to talk extensively about terrorism. In 2005, Posada Carriles was released, after having been detained for entering the United States illegally. Havana's indignation at the US government's refusal to extradite the mastermind of the Barbados bombing was reflected in an extensive propaganda campaign. The scandalized face of the Statue of Liberty in *Unbelievable! They have freed a terrorist* [76] makes for one of the most visually powerful works of its kind. The aim of the campaign was to accuse Bush himself of terrorism for protecting Posada Carriles. The visual strategy was to include both figures in the same composition, as in *The assassin* [81], with its movie poster esthetic, or *Posada & Bush Company* [77]. *Assassins' full house* [79] played on the deck of cards the US Army had distributed to its troops to help them identify and capture members of the regime of Saddam Hussein following the war in Iraq. The cards on the billboard show the real war criminals that should be hunted down.

Since 1962, more than *70% of Cubans [have been] born under the blockade* [85]. No other country has undergone such pressure for so many years. Cuban propaganda has tended to treat the matter as an act of genocide against which Cuba has victoriously resisted. The slogans tend to be forceful and laconic: "No to the blockade," "To resist is to overcome"…. In 2006, Cuba presented a report to the UN on the impact on its economy: 86 billion US dollars. In the light of this quantification of the blockade, the textual content of the billboards gain in depth. *3 days of blockade is equivalent to the printing of all the textbooks for a school year* [86] is an example of the billboards that, for the first time, offer concrete facts about the consequences of the blockade on education and health care. *But they will never be able to take away my music* [89] also belongs to a series of billboards in which the collective response to the blockade is explained through individual experience, often charged with emotion and lyricism. The elements that bring the discourse regarding the blockade up to date are also present in the treatment of another stellar theme of the Bush presidency: the Bush Plan for Cuba.

In 2003 the White House drew up a report detailing measures to dismantle the social model of the island and accelerate the transition to a market economy and a democracy modeled on US lines. The report, which was expanded in 2006, spoke of "helping the Cuban people recover their freedom and prosperity," but it disguised Washington's historical determination to finish off the Revolution. In response, Cuban propaganda reaffirmed the sovereignty of the people in *Freedom cannot be blockaded* [93] and skirted direct insult when it proposed the elimination of the email address *w.bush.genocidio@plan.hp* [88], where the domain name "plan.hp" leaves little doubt as to its meaning.

The billboards set up across from the United States Interests Section were taken down on the eve of the inauguration of Barack Obama, who would soon be planning to implement a different Cuban policy than that of his predecessor. With the exception of references to the blockade, Cuban visual propaganda has hardly mentioned its old enemy again.

★ ★ ★

The '60s

The US determination to get rid of the Castro regime marked the first years of the revolutionary process. When it became obvious that neither economic pressure nor sabotage would suffice, Washington turned to military intervention, but it failed. The Cuban victory at the Bay of Pigs, or Playa Girón, as it is known in Latin America, was incorporated into revolutionary celebrations. *The first defeat of imperialism in the Americas* would be the slogan repeated at its commemorations. Kennedy, intent on destroying the Revolution, began an economic war. The trade embargo would be a theme endlessly exploited by Cuban propaganda. The USSR installed nuclear missiles on Cuba in order to dissuade the United States from a new aggression. The belligerent rhetoric of the graphic art produced in connection with the Bay of Pigs was continued in the designs encouraging the population to combat and destroy the enemy during the Cuban Missile Crisis. Posters and billboards in those years also reflected Cuban solidarity with the anti-imperialist struggles of the Third World and denounced US involvement in Southeast Asia.

The '70s

The denunciation of the renewal of hostilities in Vietnam and the celebration of Playa Girón continued to occupy a place on the propaganda agenda, which became more active, reflecting Cuba's role in the Cold War. The country supported foreign national liberation movements and promoted the struggle against the penetration of imperialist ideologies in academia. Nevertheless, Cuba continued to receive attacks from its enemy. The sharpest blow was in Barbados, where a commercial airliner was blown up in flight, with all those on board being killed. Castro pointed to the CIA. At the international level, Cuba aligned itself with the USSR. Cuban troops fought successfully in Angola and Ethiopia and Cuba accused the United States of collusion with China in its aggression against Vietnam. Cuba's prestige in the Third World made it a leader among non-aligned countries.

The '80s

The period of distension that had begun during the Carter administration was cut short by the Mariel boatlift. The repercussions of this event can be observed in the propaganda, which also renewed older themes such as the blockade. Reagan's anti-communism put the island on alert. His hostility toward Sandinista Nicaragua and the invasion of Grenada convinced Havana of the possibility of a US intervention, especially when the USSR announced that, in the event of an aggression, it would not come to Cuba's aid. Posters and billboards denounced US interventions in Central America and the Caribbean, renewing its warlike rhetoric through the incorporation of caricature and sarcasm, without abandoning the image of the destroyed, defeated enemy and its own confidence in victory. The proposal to default on its external debt was another bone of contention with the United States, a paradigm of the economic order that Cuba rejected.

The '90s

No end to the siege. Washington created Televisión Martí in order to flood the island with anti-Castro propaganda, but Havana managed to interfere with the signal. What it could not prevent was the USSR's defeat in the Cold War and its subsequent disintegration. Without the economic and military aid of the Eastern Bloc, the most critical period of the Revolution began, the "special period in time of peace." Widespread scarcity also affected the production of posters, which practically disappeared. Cuba was more insular than ever, and the United States was determined to precipitate the collapse of the regime by reinforcing the blockade. The Torricelli and Helms-Burton legislation buttressed the strategy of economic suffocation, denounced in posters and billboards as genocide. The siege atmosphere also pervaded the official discourse, with its calls for resistance and unity. Meanwhile, Washington insisted on continuing to harass Cuba, accusing it of failing to respect human rights. Havana replied by denouncing a double standard.

The '00s

Propaganda took up the contentious custody battle over Elián González, the "raft child." His return to Cuba was a painful defeat for the Miami exiles, soon revenged by the harsh sentences doled out to five agents who had infiltrated anti-Castro organizations in Florida. George W. Bush included Cuba in his "axis of evil," accusing it of supporting terrorism. Cuban posters and billboards responded with images of Iraqi prisoners tortured by US soldiers. The rhetoric heated up when Washington refused to extradite Posada Carriles, the mastermind of the Barbados bombing, and the virulence continued with the condemnation of the Bush Plan to dismantle Cuba's political model and accelerate its transition toward a market economy. The hostility of the Bush White House also renewed the discourse against the blockade. With Obama's election to the presidency, however, references to the United States virtually disappeared from official propaganda.

★ ★ ★

Illustrations

· *CIA. Assassins!* DOR, 1976
· *[Uncle Sam the piper].* DOR, 1980
· *We will eradicate it.* DOR, 1981
· *Here, steadfast, certain,* 1992
· *Happy New Year?* Editora Política, 2004
· *Thanks, Mr. Bush, but we're already vaccinated!* Editora Política, 2006

The '60s

· Mario Masvidal. *Against Yankee imperialism, learning to read,* 1961.
· *Death to the invader!* Department of Revolutionary Instruction of the MINFAR, 1962.
· *Annihilate the enemy!* Department of Revolutionary Instruction of the MINFAR, 1962.
· *Death to the invader!* Revolutionary Orientation Commission (COR), 1962.
· *On a war footing.* COR, 1962.

· *On a war footing.* COR, 1962.
· Roberto Quintana. *We are all one.* COR, 1962.
· Jesús Forjans. *Alert!* COR, 1962.
· Roberto Quintana. *To arms,* 1962.
· Jesús Forjans. *Wherever he peeks out is where he'll remain!,* c. 1961.
· *We shall overcome! 3rd anniversary of the Revolution.* 1962
· *Girón, second anniversary.* COR, 1963.
· *Girón, sixth anniversary,* 1967.
· *Girón first defeat of imperialism in the Americas.* COR, 1969.
· René Mederos. *Solidarity with Vietnam Week.* OSPAAAL, 1968.
· Luis Belaguer. *Continental day of support for Vietnam, Cambodia, and Laos, 15th–21st October.* OCLAE, 1969.
· *Do you know the enemy? Discretion is a weapon,* circa 1965.

The '70s

· *They can sink our boats, but not our conscience or our flag.* COR, 1970.
· José Ramón Chávez . *Combatting the enemy.* CDR-MININT exhibition. COR, 1971. CDR (Defense of the Revolution Committees); MININT (Ministry of the Interior)
· Antonio Pérez 'Ñiko'. *Once the Yankees are destroyed, we will construct a country ten times more beautiful.* ICAIC, 1970.
· Salvador Corratgé. *The ten million. Bang!* UNEAC, 1970.
· Mario Sandoval. *Day against imperialist penetration in the universities.* OCLAE, 1972.
· *Day against imperialist penetration in the universities.* OCLAE, 1971
· *Girón.* COR, 1971.
· José Gómez 'Tito'. *Girón XI anniversary.* COR, 1972.
· *Eleventh anniversary of the victory at Playa Girón.* Political Division of the FAR, 1972.
· *USA: error of calculation. X anniversary of the victory at Girón.* COR, 1971.
· Antonio Pérez 'Ñiko'. *X anniversary of the victory at Playa Girón.* ICAIC, 1971.
· *Yankees, lumpen, delinquents, idlers, remember Girón,* circa 1975.
· *Girón victory sown in history.* COR, circa 1974.
· *Against every enemy action,* cederista *vigilance.* National Headquarters of the CDR, 1973.
· *CDR, FAR our mission to combat the enemy,* circa 1975. CDR (Defense of the Revolution Committees); FAR (Revolutionary Armed Forces)
· Luis Álvarez. *[Deck of cards with faces of Nixon and Hitler].* OCLAE, 1971.
· *Vietnam, I want the Yankees to get out of South Vietnam.* 1976.
· *Danger! Yankees on the loose. May Day,* circa 1971.
On May 1st, 1971, activists against the war in Vietnam began a peaceful demonstration in the aim of paralyzing Washington for a week. Thousands of people were arrested.
· *V CLAE. Anti-imperialist unity is the tactic and strategy of victory.* OCLAE, 1973.
· *Anti-imperialist unity is the tactic and strategy of victory.* OCLAE, 1976.
· *Vietnam shall overcome.* DOR, 1979.
· Reinaldo Labrada. *End the oppression of Yankee imperialism in Latin America.* Preparatory Committee for the VI Summit (Non-Aligned Movement), 1979.
· *Puerto Rico. We condemn colonial domination,* 1979.
· *VI Cumbre. End the oppression of Yankee imperialism in Latin America. Preparatory Committee for the VI Summit (Non-Aligned Movement),* 1979.

The '80s

· *Let them leave! Defense of the Revolution Committees,* 1980.
· René de la Nuez. *Clean-up. Eliminate their lair and food.* DOR, 1981.
· *Girón. First defeat of imperialism in Latin America,* circa 1980.
· Faustino Pérez. *Girón. The peoples of the Americas were a little freer.* Editora de Propaganda Gráfica, 1986.
· Francisco Masvidal. *It has had to be in silence,* 1981.

Poster designed on the occasion of the twentieth anniversary of the creation of the Ministry of the Interior. Its title comes from a famous Cuban television series of the time about the vicissitudes of an agent infiltrated in the United States.
· Eduardo Muñoz Bachs. *Fidel, keep up the pressure: Cuba deserves respect.* ICAIC, 1980.
· Rafael Enríquez. *Global solidarity with Cuba.* OSPAAAL, 1980.
· Antonio Pérez 'Ñiko'. *Fidel, for sure: give it to the Yankees.* Ministry of Culture, 1980.
· Roberto Figueredo. *We have absolutely no fear of them.* DOR, 1981.
· *They shall not pass.* Editora de Propaganda Gráfica, circa 1985.
· *We'll defend every inch of this land.* Editora de Propaganda Gráfica, circa 1985.
· *Yankee hands out of Central America and the Caribbean!,* circa 1983.
· *Out of Central America and the Caribbean.* OCLAE, circa 1983.
· *In the face of the blockade. Resist and overcome,* circa 1980.
· *Stop the aggression against our children,* 1984.
The Frente Continental de Mujeres contra la Intervención (Continental Women's Front against Intervention) was founded in Cuba in the aftermath of the US invasion of the island of Grenada.
· *Unity in the face of the external debt,* 1985.
· Roberto Figueredo. *I write and paint for you.* Casa Central MININT, 1985.
· *Fatherland or death,* 1980.
· *We'll make them bite the dust of defeat.* Editora de Propaganda Gráfica, circa 1985.

The '90s

· *You can't mess with this people.* Editora Política, 1990.
· *Another one backfires.* Editora Política, 1990.
· *Unity makes us indestructible.* Editora Política, 1991.
· *Girón. Victory always,* 1990.
· *[Cuba] is not for sale. Helms-Burton.* Editora Política, 1996.
· *Yankee blockade: genocide against Cuba.* Editora Política, circa 1997.
· *Rights. The people bear witness.* Editora Política, circa 1999.

The '00s

· *Let's rescue Elián.* Editora Política, 2000.
· *Freedom for truth and justice in the United States.* Editora Política, 2004.
· *Unbelievable! They have freed a terrorist.* Editora Política, 2005.
· *Posada & Bush Company. Injustice trembles.* Editora Política, 2007.
· *We demand justice! 30th anniversary.* Editora Política, 2006.
· *Assassins' full house.* Editora Política, 2005.
· *The assassin.* Editora Política, 2007.
· *[Bush + Posada Carriles = Hitler] Injustice trembles.* Editora Política, 2005.
· *There is no force capable of destroying the Revolution.* Editora Política, 2007.
· *The more you blockade me, the more I grow.* Editora Política, 2008.
· *Mister imperialists. We have absolutely no fear of you!* Editora Política, 2003.
· *70% of Cubans born under the blockade.* Editora Política, 2008.
· *3 days of blockade is equivalent to the printing of all the textbooks for a school year.* Editora Política, 2007.
· *Cuba blockade,* 2010.
· *Confirm elimination w.bush.genocidio@plan.hp,* 2006.
· *But they will never be able to take away my music...* Editora Política, 2007.
· *… the Bush Plan: It will take away the morning kiss and the handshake after school and the ever-malicious gaze.* Editora Política, 2007.
· *Long live free Cuba! Fascist Bush there is no aggression Cuba will not resist,* 2005
· *Imperialism no,* 2013.
· *Freedom cannot be blockaded. Bush Plan. There is no fear here.* Editora Política, 2006.

Este libro compuesto con tipos
Berthold Akzidenz Grotesk y Block,
se ha diseñado e impreso en
Barcelona durante los meses
de Abril y Mayo de
2016